HOHMANN

● **Franz**

펴낸이의 말

　『호만』은 바이올린을 배우는 과정에서 한 번쯤은 접하게 되는 전통적이며 대표적인 교본입니다. 무엇보다도 차례로 연습하다 보면 필수적인 주법을 자연스레 익힐 수 있는 체계적이고 섬세한 구성이 돋보입니다. 또한 대부분의 곡들이 이중주로 구성되어 있는 것 또한 특징입니다. 제2바이올린(주로 선생님이 연주하게 될)과 함께 연주하다 보면 초보 단계의 단순하고 밋밋한 음정과 리듬을 넘어 한층 풍성한 화음을 만들어 낼 수 있습니다. 후반부로 갈수록 두 파트는 점차 대등한 연주를 하게 되는데, 이를 통해 앙상블에 대한 감각까지 기를 수 있습니다.

　독일의 작곡가이자 바이올린 교육자인 크리스티안 하인리히 호만 Christian Heinrich Hohmann(1811~1861)은 1835년부터 1년 여에 걸쳐 다섯 권으로 된 『바이올린 교본 Violinschule』을 출간했습니다. 그는 자신의 곡뿐만 아니라 동시대 다른 작곡가들의 작품도 적극적으로 수록했습니다. 초판본은 오늘날의 것보다 더 방대했으며, 후대 사람들에 의해 조금씩 수정, 편집되어 지금의 모습에 이르렀습니다. 책 제목 또한 저자의 이름을 그대로 쓴 『호만』으로 굳어지게 되었습니다.

프란츠 음악출판사의 『호만』이 가진 차별화된 장점은 다음과 같습니다.

첫째, 완성된 연주를 들어 볼 수 있습니다.
모든 이중주곡과 주요 곡의 모범 연주를 QR 코드나 MP3 다운로드를 통해 들어 볼 수 있습니다. 그동안 『호만』
은 단순한 연습 수단으로만 여겨졌지만, 연주자인 바이올리니스트 김수현은 독립된 작품으로서 수록곡이 가지
고 있는 아름다움을 담아내려 했습니다. 이 때문에 초보자가 연주하기에는 벅찬 템포의 곡도 있을 것입니다. 여
러 번 반복해 들으면서 원곡의 분위기를 익히고, 선생님의 지도에 따라 학생 본인에게 맞는 빠르기로 차근차근
연습해 나가는 것이 좋습니다.

둘째, 자신이 어떻게 연습하고 있는지 확인할 수 있습니다.
잼이지Jameasy와 협업하여 모든 수록곡을 애플리케이션에 담았습니다. 이를 통해 여러분이 연주하는 음정과 리듬
에 대한 피드백을 실시간으로 받을 수 있습니다. 또한 자신에게 맞는 빠르기를 설정하여 음원을 듣거나 혼자서
이중주를 할 수도 있습니다. 이는 어렵게만 느껴지던 바이올린 학습을 보다 쉽고 재미있게 할 수 있도록 도와줄
것입니다. 독자께 드리는 10곡 무료 이용 혜택을 꼭 사용해 보시기를 권합니다.

셋째, 영문 제목을 함께 적었습니다.
수록곡들의 제목이 현대와 맞지 않아 어색하게 느껴지는 부분이 있습니다. 하지만 이 곡들이 작곡된 시기가 19세
기라는 사실을 생각해 보면 색다른 재미를 발견할 수 있을 것입니다. 무엇보다 제목은 곡을 미리 파악하는 데도
도움이 되기 때문에 누락된 것까지 가능한 한 찾아서 표기했으며, 이해를 돕기 위해 영문 제목도 병기했습니다.

넷째, 악보의 오류를 바로잡았습니다.
간혹 볼 수 있었던 음정과 리듬의 오류는 물론이고, 곡 제목, 이음줄, 활 방향, 셈여림 표기 등 악보상의 세세한
잘못까지 바로잡으려 했습니다.

지난 2년여에 걸친 노력이 많은 분들께 『호만』을 즐기며 연주할 수 있는 원동력이 되기를 바랍니다.

김동연

시작 전 알아두기

QR 코드 사용법

『호만』의 곳곳에는 QR 코드(흑백 격자 무늬의 2차원 바코드)가 있어 이것을 스마트폰이나 태블릿 기기로 스캔하면 해당 곡의 음원을 들을 수 있습니다. QR 코드를 스캔하기 위해서는 관련 애플리케이션을 설치해야 합니다. 본 책에서는 가장 많이 사용되는 '네이버 앱'을 통한 이용 방법을 안내해 드립니다.

STEP 1
메인 화면 검색창 우측의 마이크 버튼을 누릅니다.

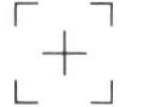

STEP 2
QR 코드 아이콘을 누릅니다.

STEP 3
가운데 빈 여백 안에 QR 코드를 위치시키면 자동으로 인식됩니다.

STEP 4
플레이 버튼을 누르면 음원이 재생됩니다.

연주를 시작하기 전에

아래의 QR 코드를 통해 연주를 시작하기 전에 알아 두어야 할 사항을 확인할 수 있습니다. 그 밖에도 다양한 바이올린 강의를 네이버 카페 '취미 바이올린'에서 보실 수 있습니다. cafe.naver.com/violinbook

연주를 위한 필수품

어깨받침 끼우기

악기 잡기

활 잡기와 송진 바르기

책의 전반에 걸쳐 영문 약자로 표기되어 있으니 참고해 두세요.

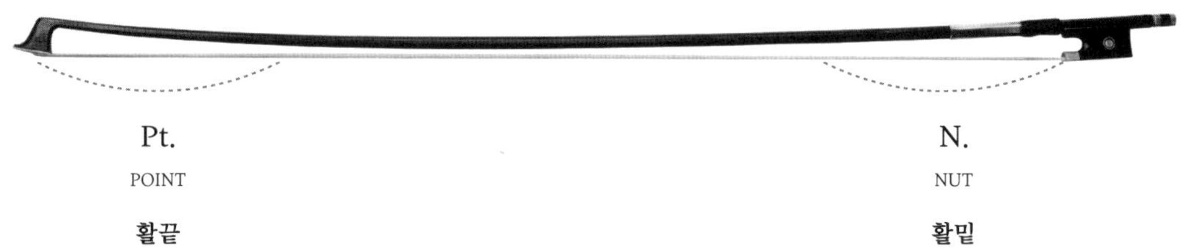

Pt.

POINT

활끝

N.

NUT

활밑

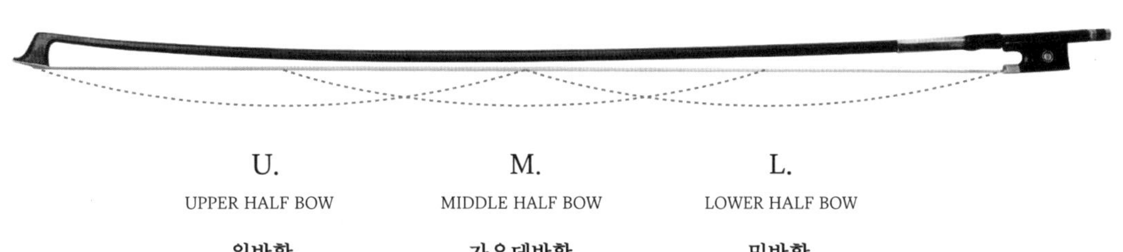

U.

UPPER HALF BOW

윗반활

M.

MIDDLE HALF BOW

가운데반활

L.

LOWER HALF BOW

밑반활

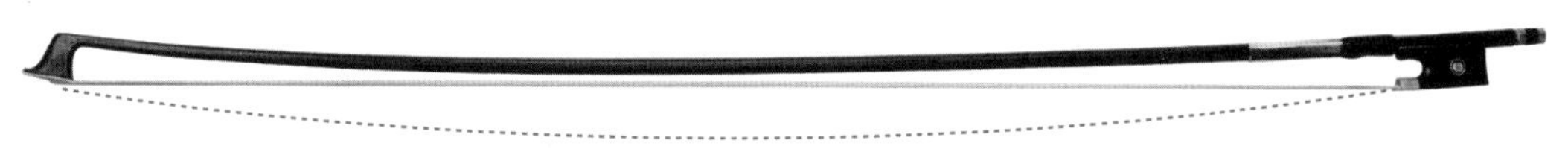

W.

WHOLE BOW

온활

차례

제1권 | 기본기를 다지기 위한 연습곡

제2권 | 가장 많이 사용하는 조에서의 연습곡

I

제1권 | 기본기를 다지기 위한 연습곡

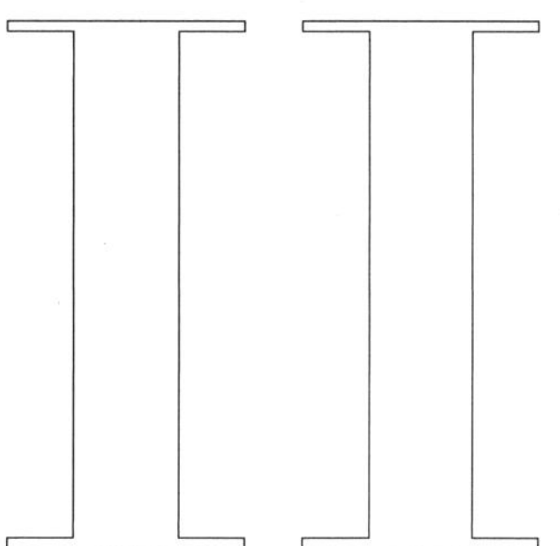

1. 개방현 연습

└→ 음정을 짚지 않은 상태의 현

TIP | 1~4 | 활을 가볍게 잡고 천천히 그어 봅시다.

1

2

3

4

TIP | 5~10 | 각 개방현과 이중음의 각도 차이를 섬세하게 느끼며 연습하세요.

5
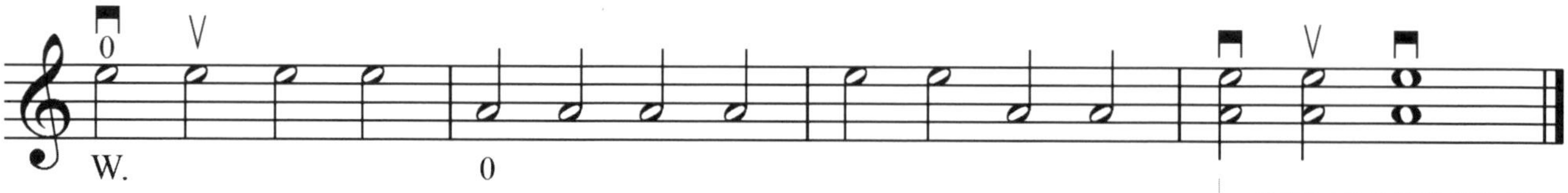

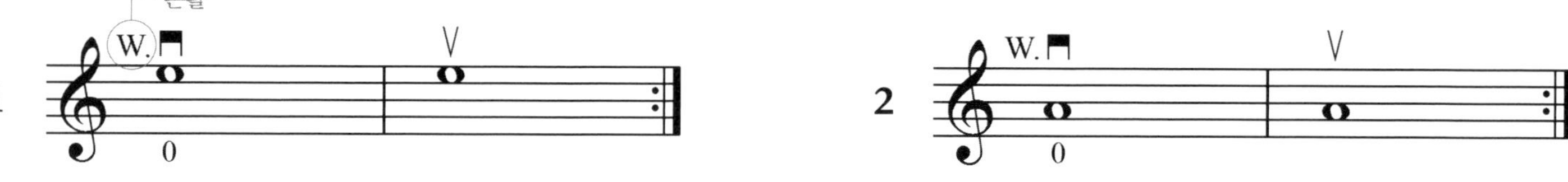

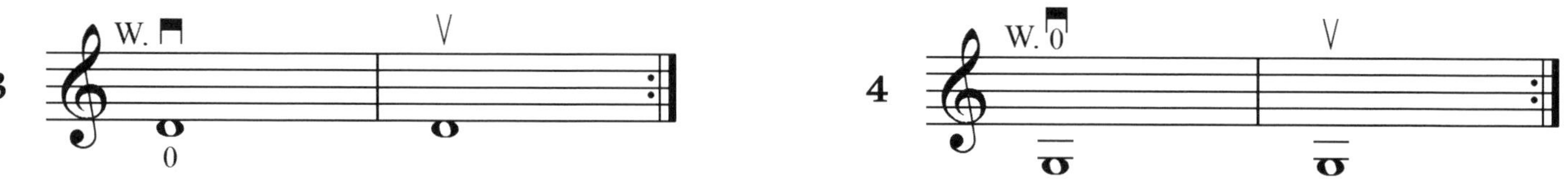

└→ **이중음** | 동시에 두 현을 긋는 것

6
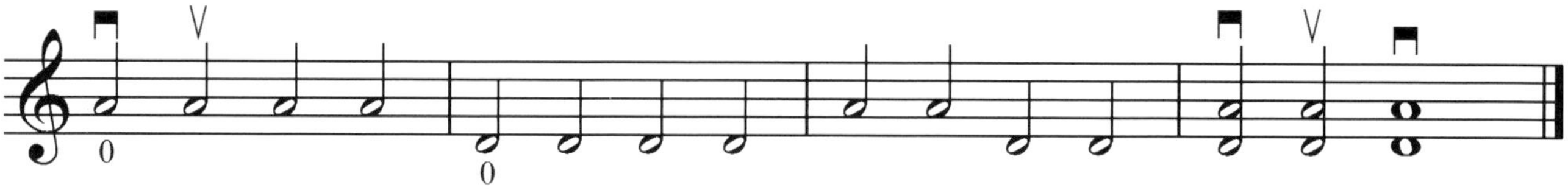

7
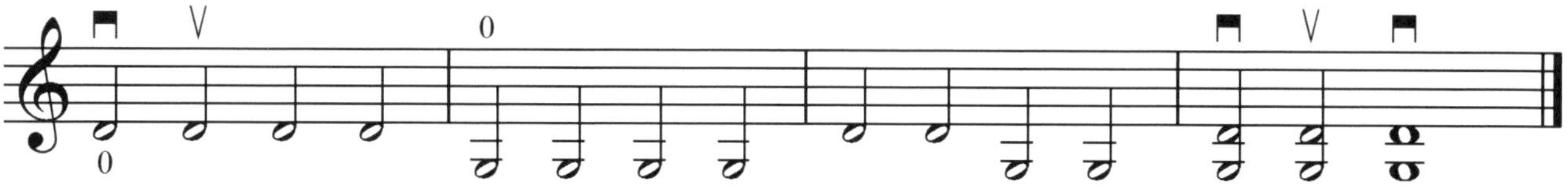

8
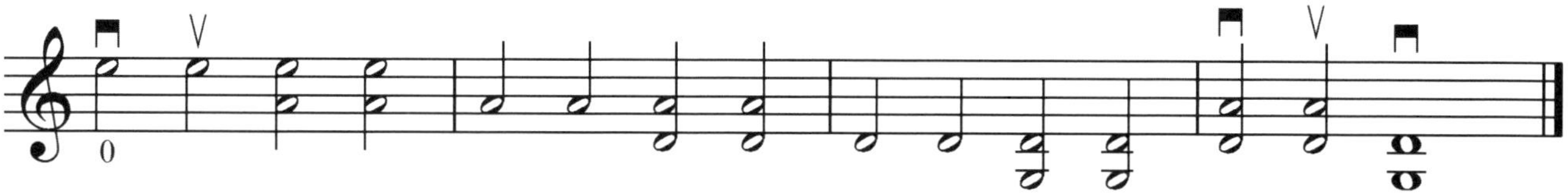

9
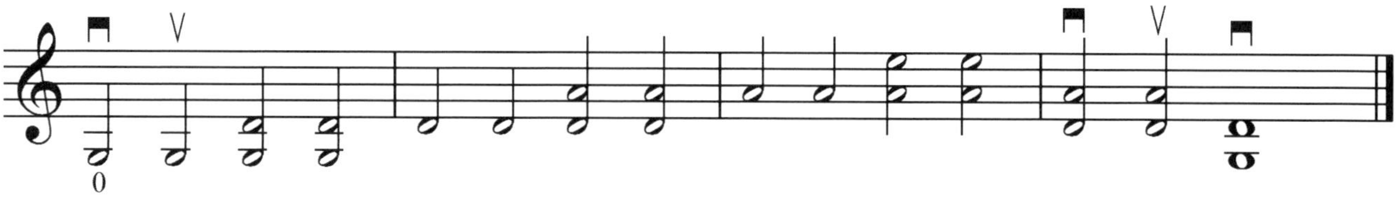

10
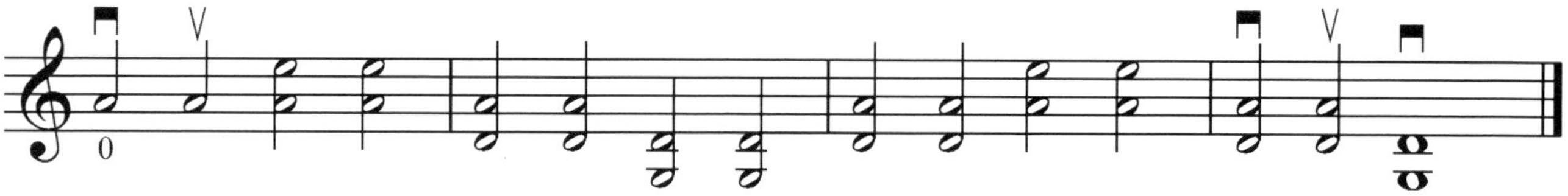

2. E현 음정 익히기

TIP 11~14 충분히 반복하여 정확한 음정을 손가락과 귀로 외워야 합니다.

이음줄(슬러) | 곡선으로 연결된 서로 다른 음들을 한 활로 부드럽게 이어 긋는 것

E현의 노래
Song of the E String

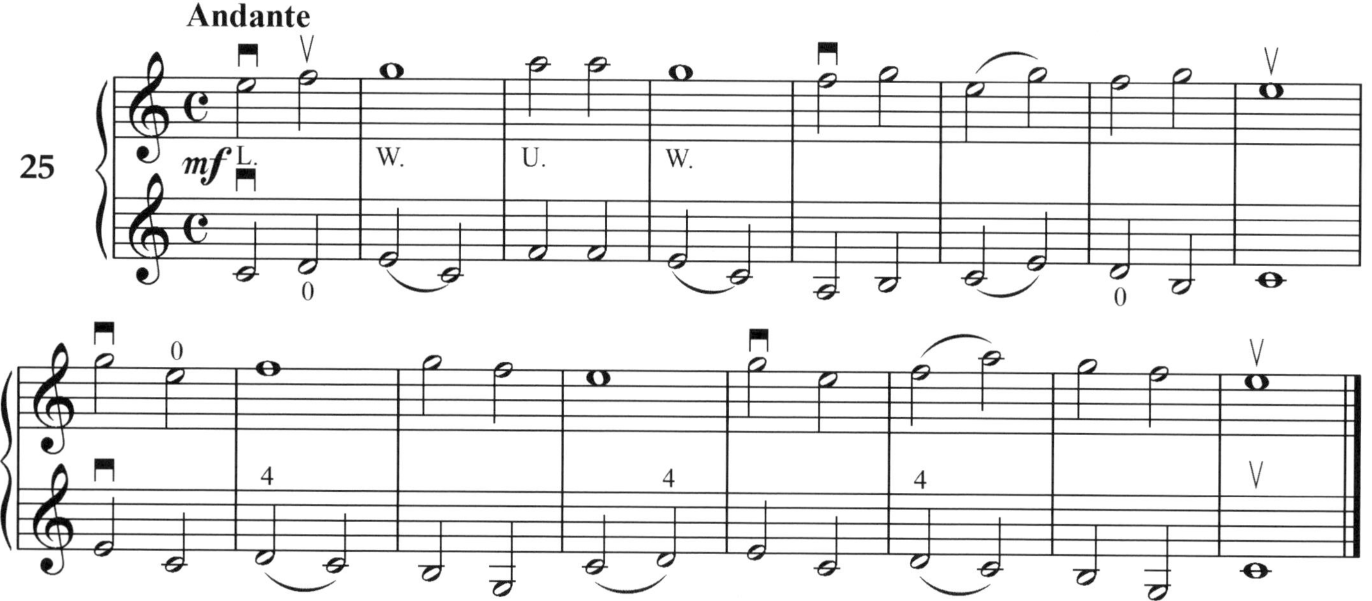

즐거운 여행
Pleasant Journey

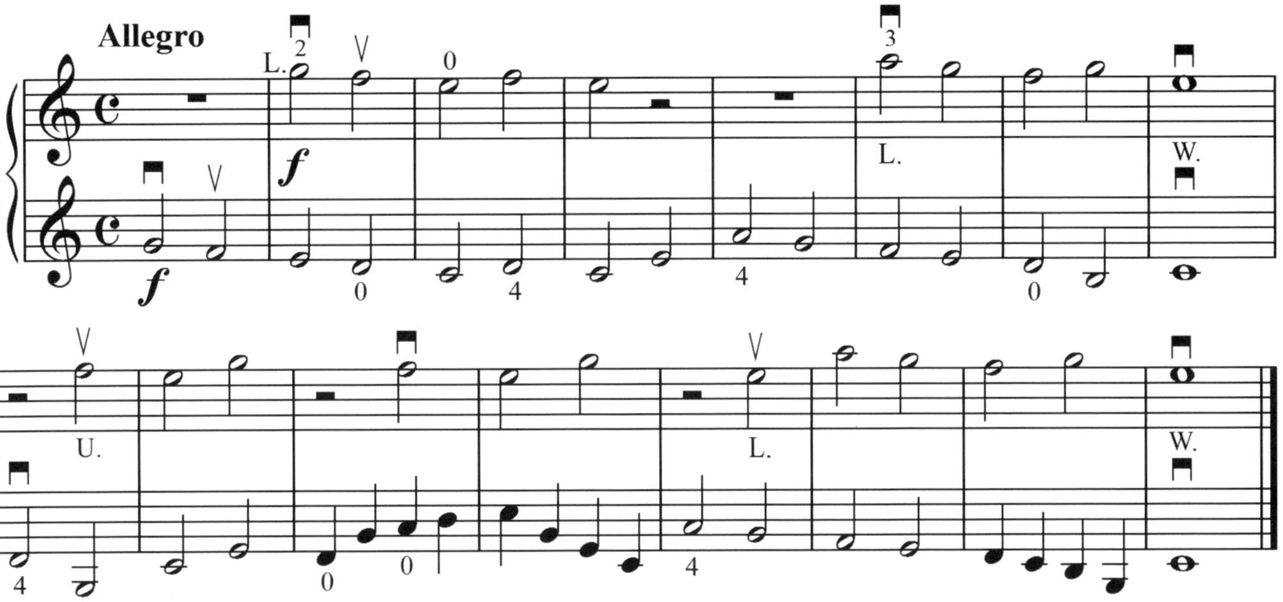

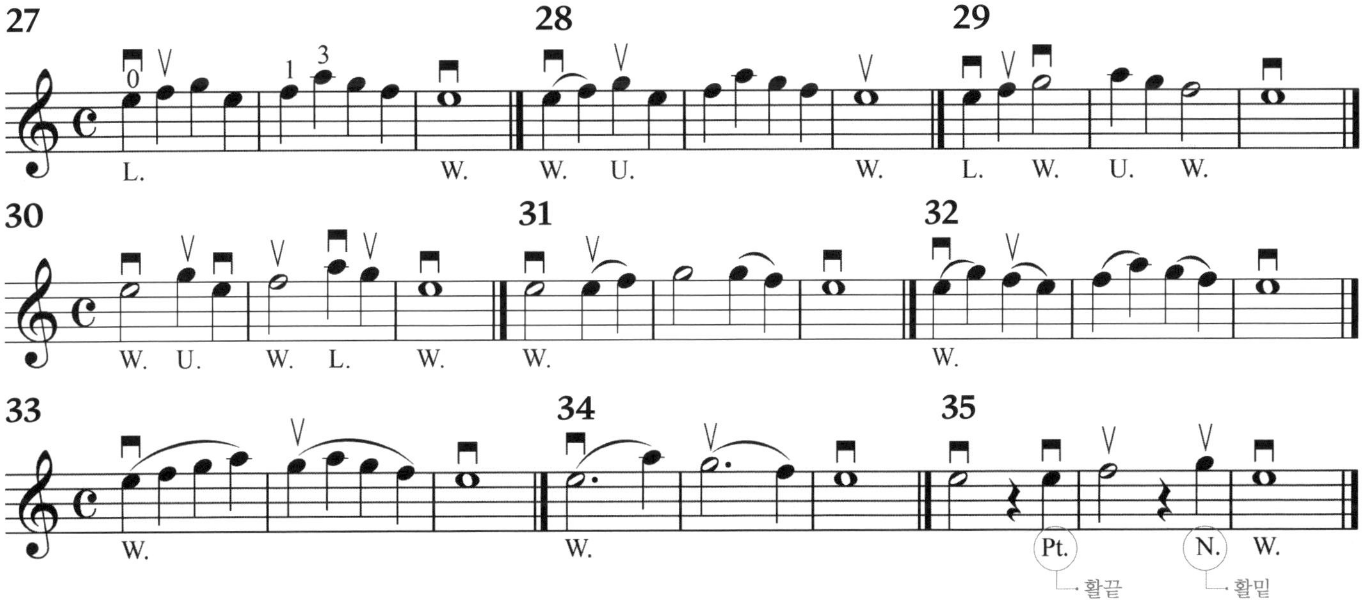

나의 첫 작품
My First Piece

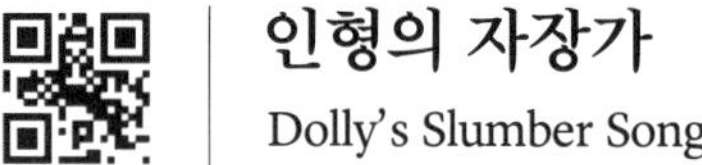

인형의 자장가
Dolly's Slumber Song

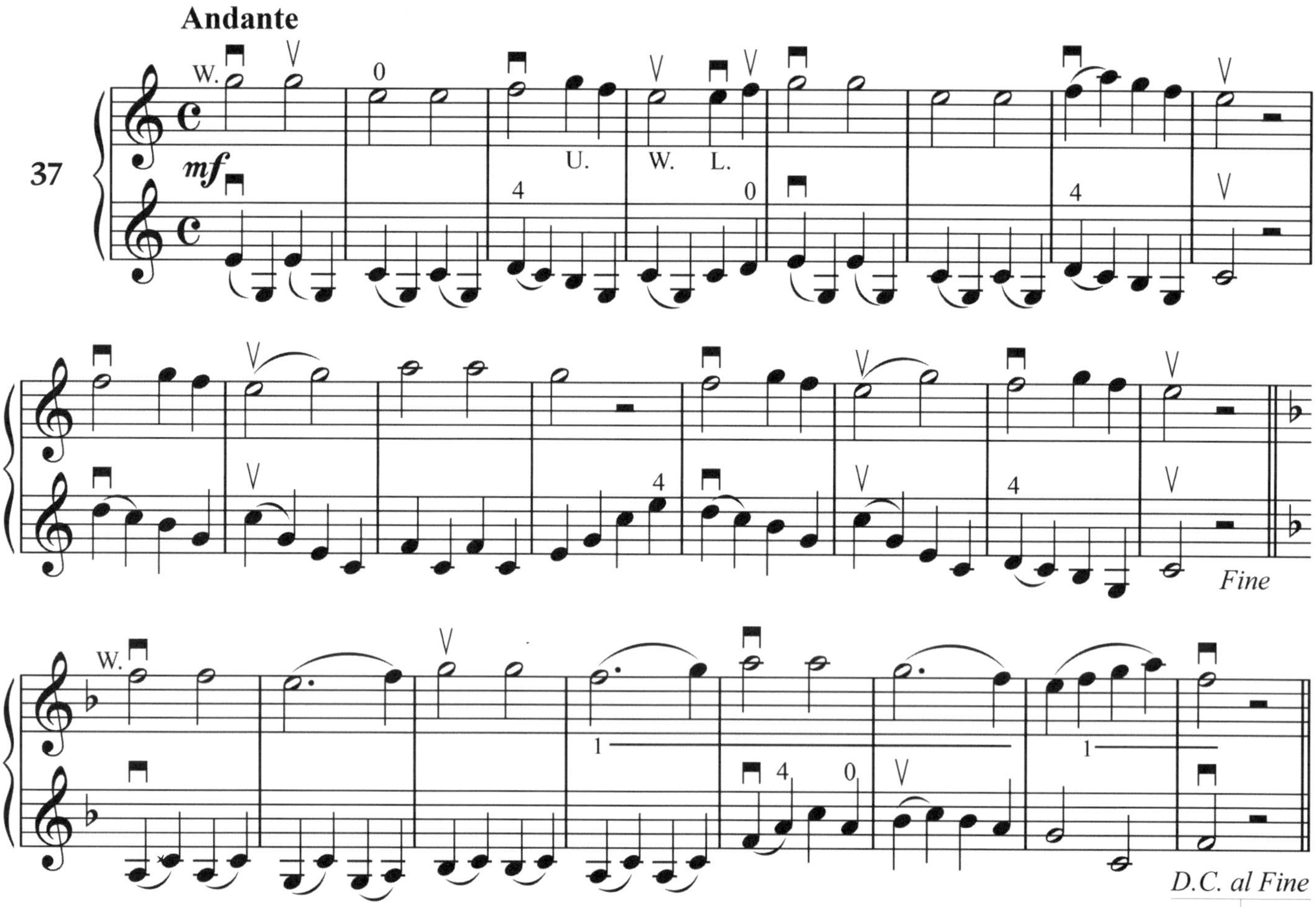

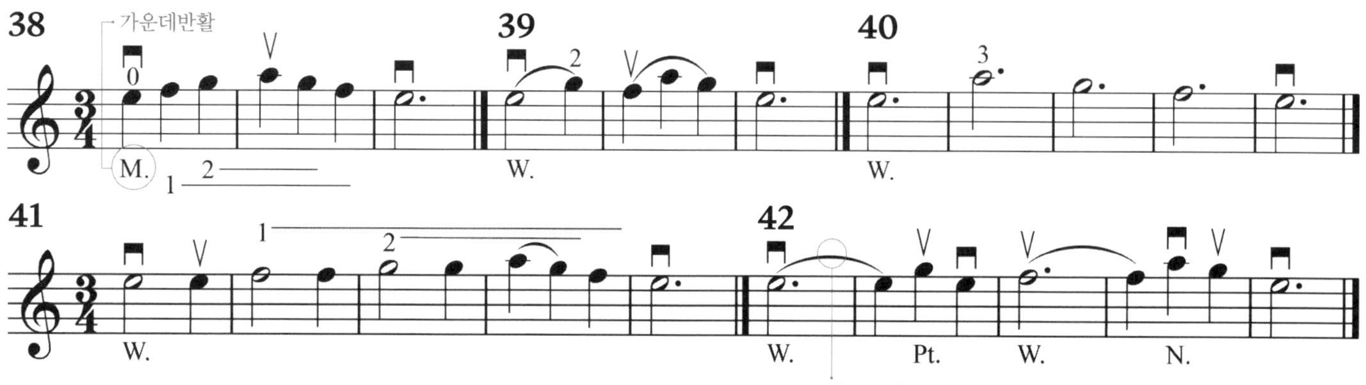

즐거운 기분으로
In Joyous Mood

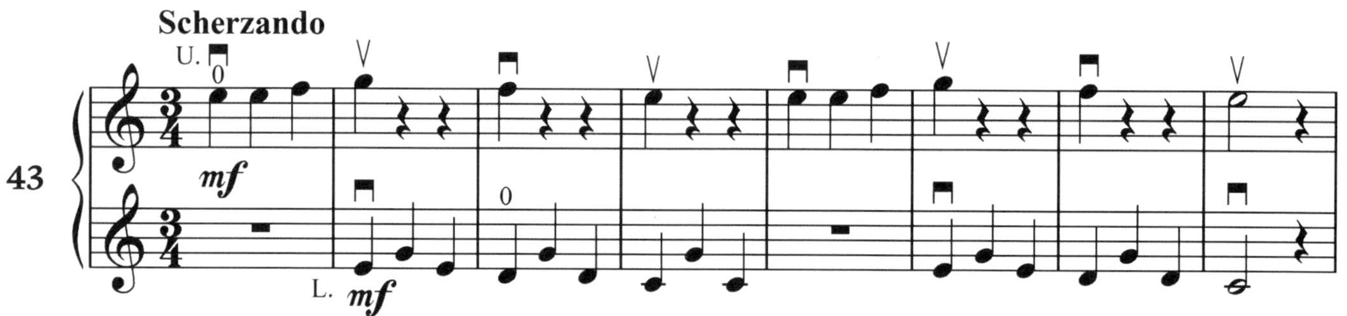

44 TIP 표시한 부분(※)에서는 손가락을 짚은 채로 가볍게 밀어 올립니다.   **45**

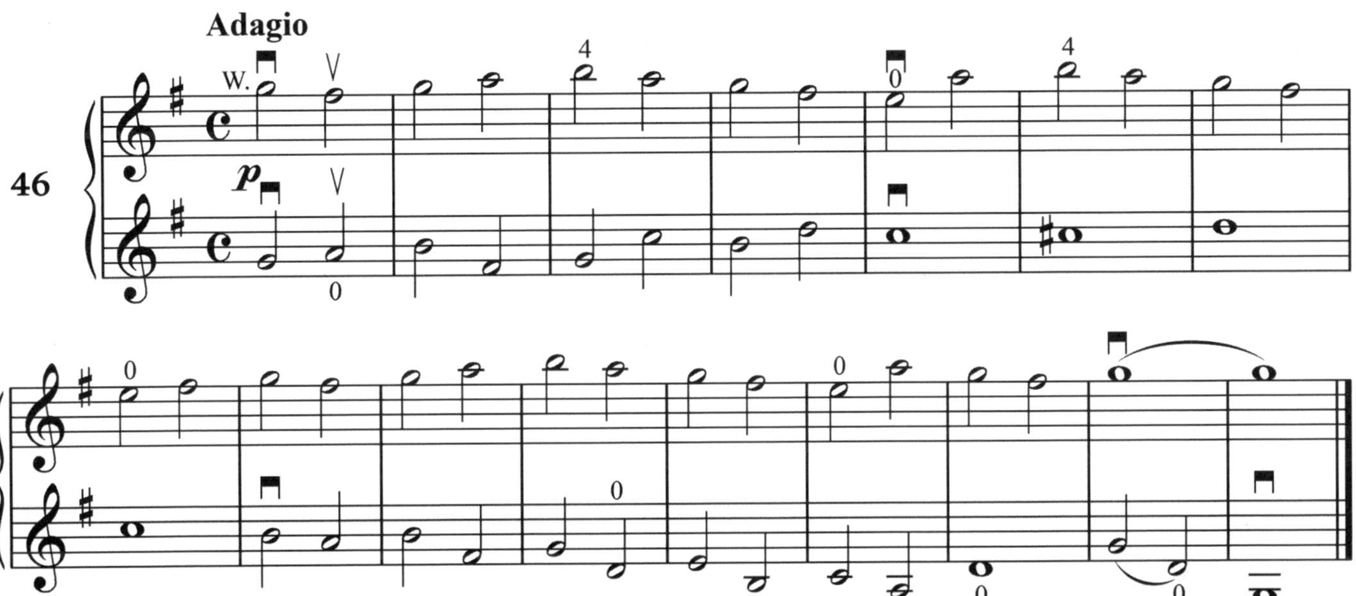

저녁의 노래
Evening Song

TIP 활을 풍부하게 쓰면서 부드럽게 연주하세요.

46

학교 다녀오겠습니다
Going to School

TIP 4분음표는 반활로, 2분음표는 온활로 연주합니다.

47

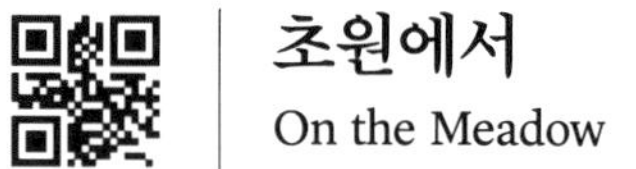

초원에서
On the Meadow

장난치는 고양이
Pussy at Play

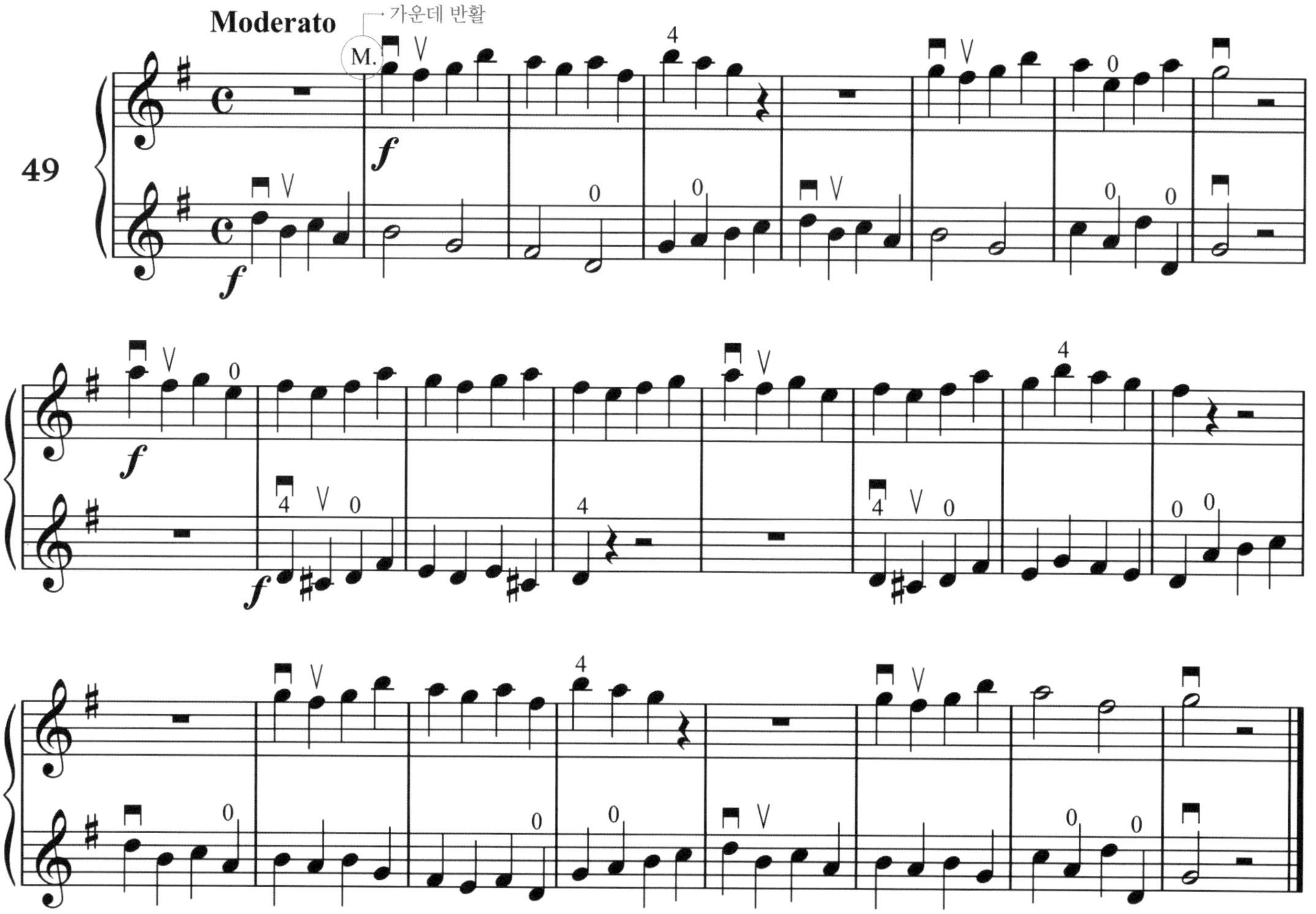

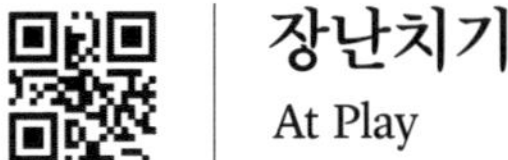

장난치기
At Play

TIP 첫째 마디를 밑반활로 시작하여 둘째 마디의 첫 음을 온활로 쓸 수 있도록 합니다.

나의 첫 왈츠
My First Waltz

TIP 표시한 마디(※)의 세 음 중 첫째 음은 밑반활보다 조금 더 쓰고, 둘째 음은 가운데에서 짧게 쓰며, 셋째 음에서 남은 활을 끝까지 써서 그다음 점2분음표를 온활로 쓸 수 있도록 합니다.

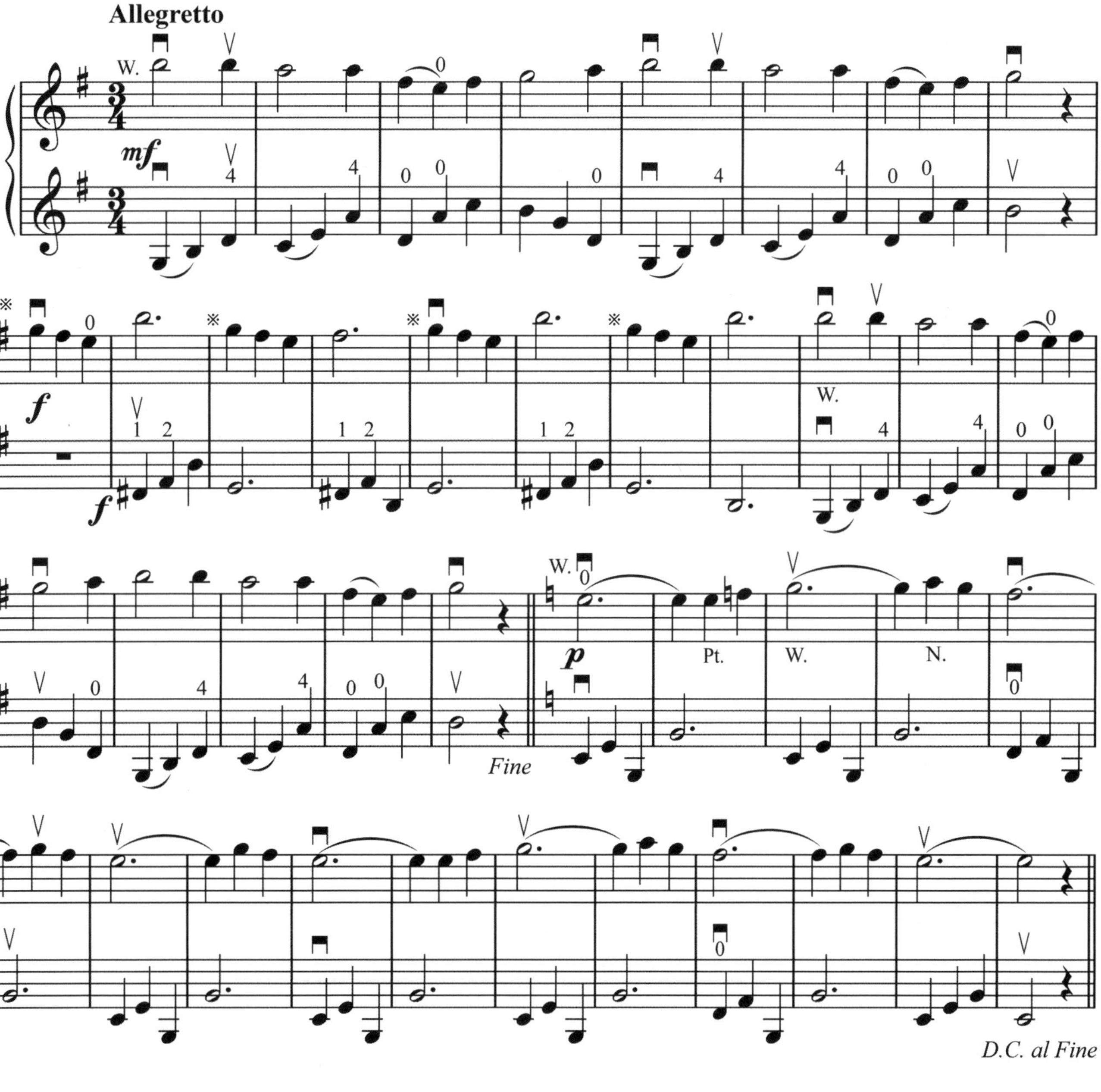

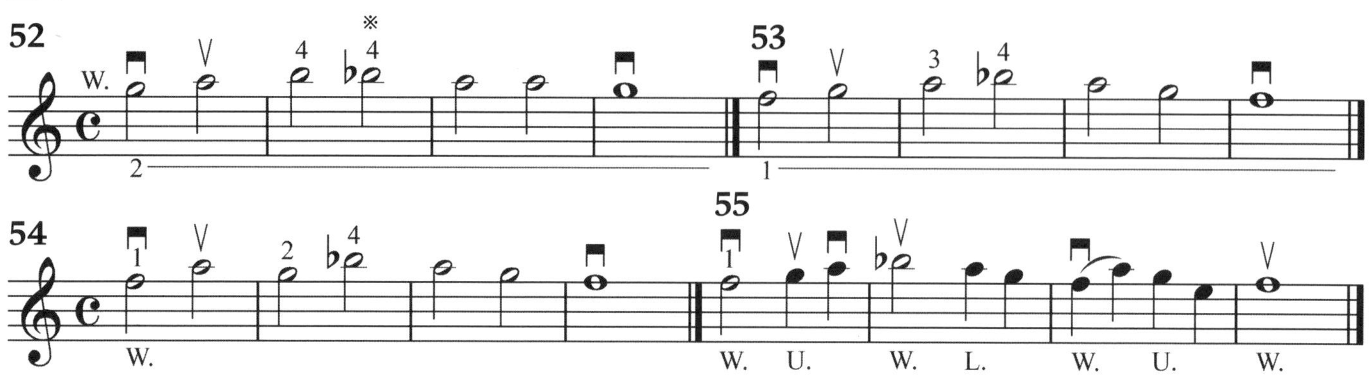

진지한 노력

Serious Endeavor

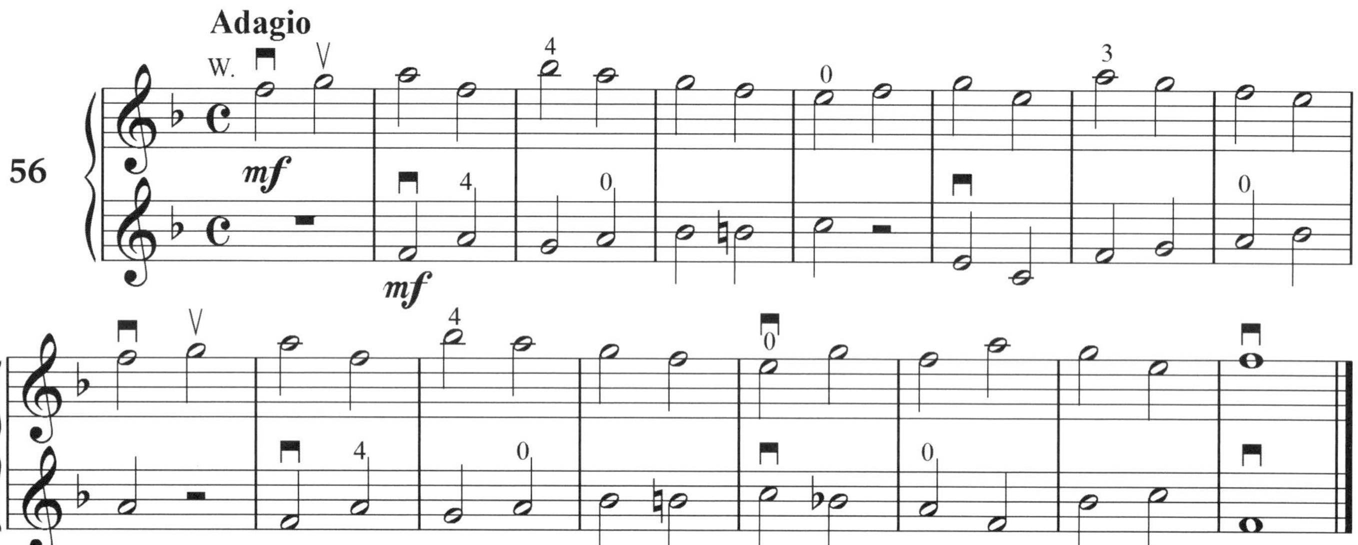

저녁 산책

The Evening Stroll

3. A현 음정 익히기

TIP | 58~61 | 음정이 차례대로 올라갈 때는 이전 손가락을 짚은 채로 하나씩 덧붙여 짚는 것이 좋습니다.

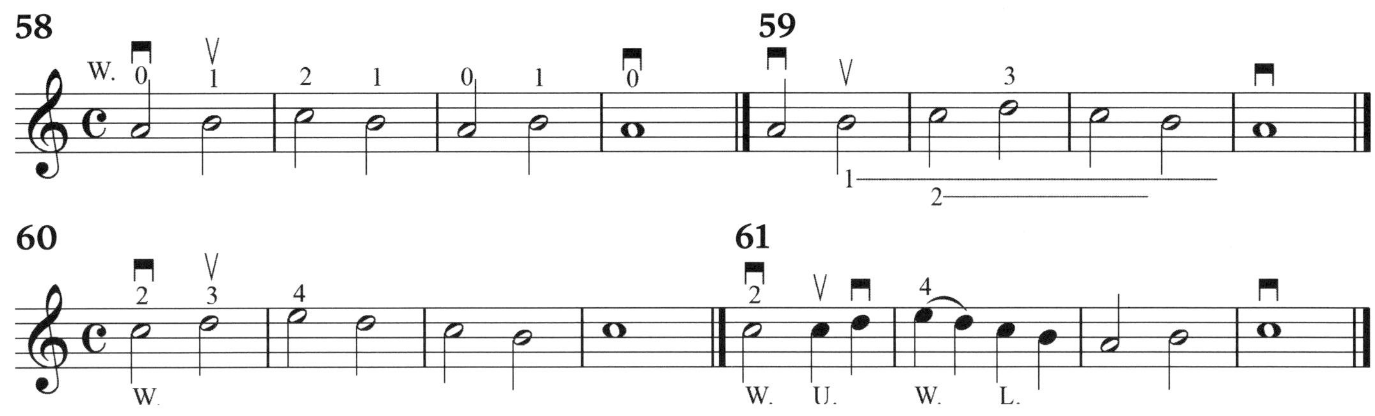

 새의 투정

Birdie's Complaint

TIP 표시한 부분(※)에서는 활 속도를 늦추어 박자를 끝까지 채워 주세요.

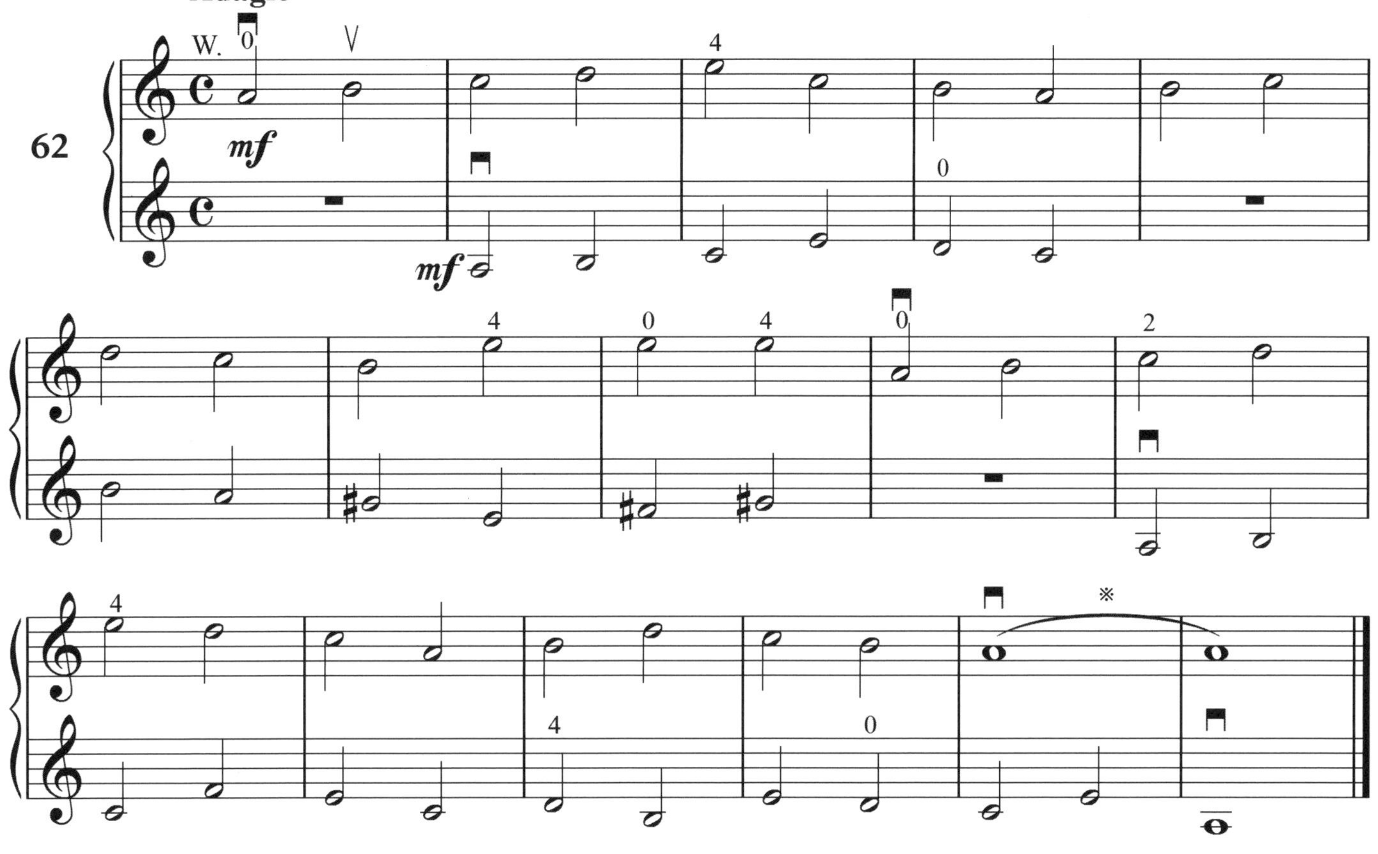

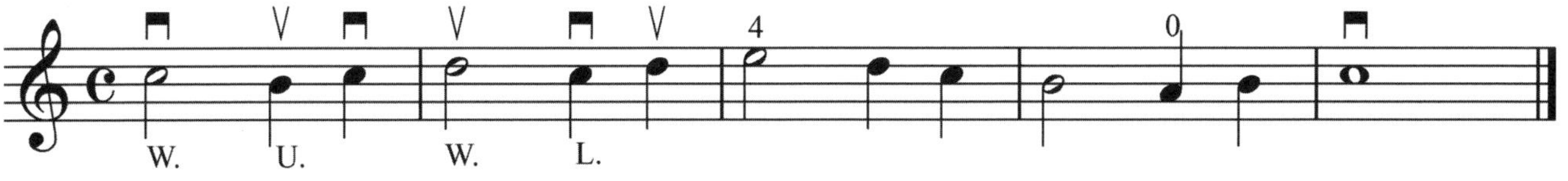

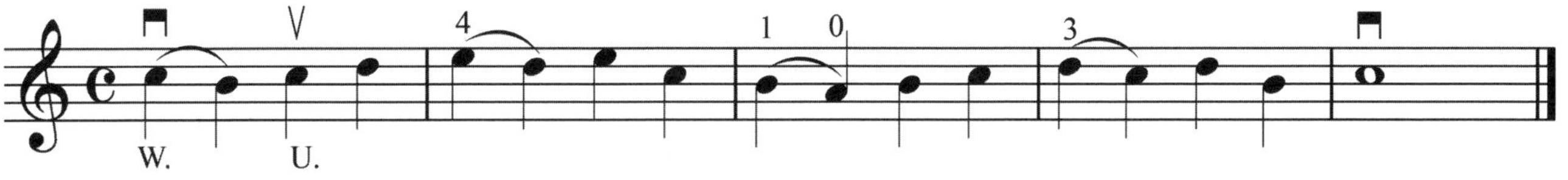

꼬마 수다쟁이
The Little Tattler

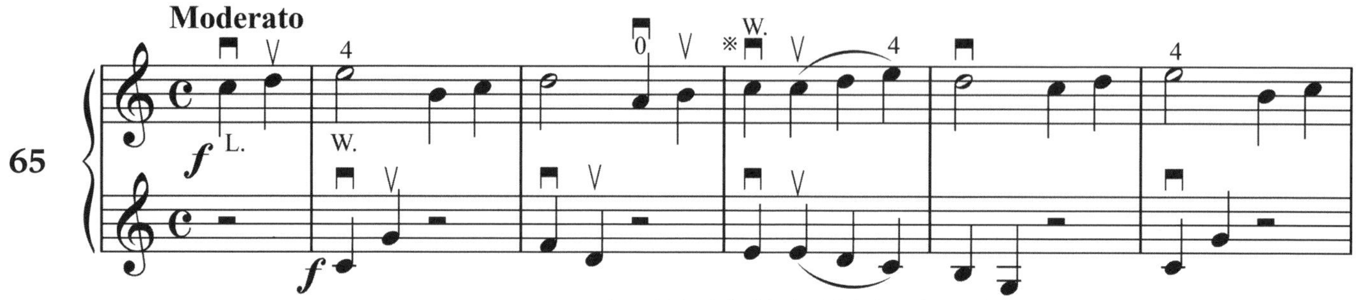

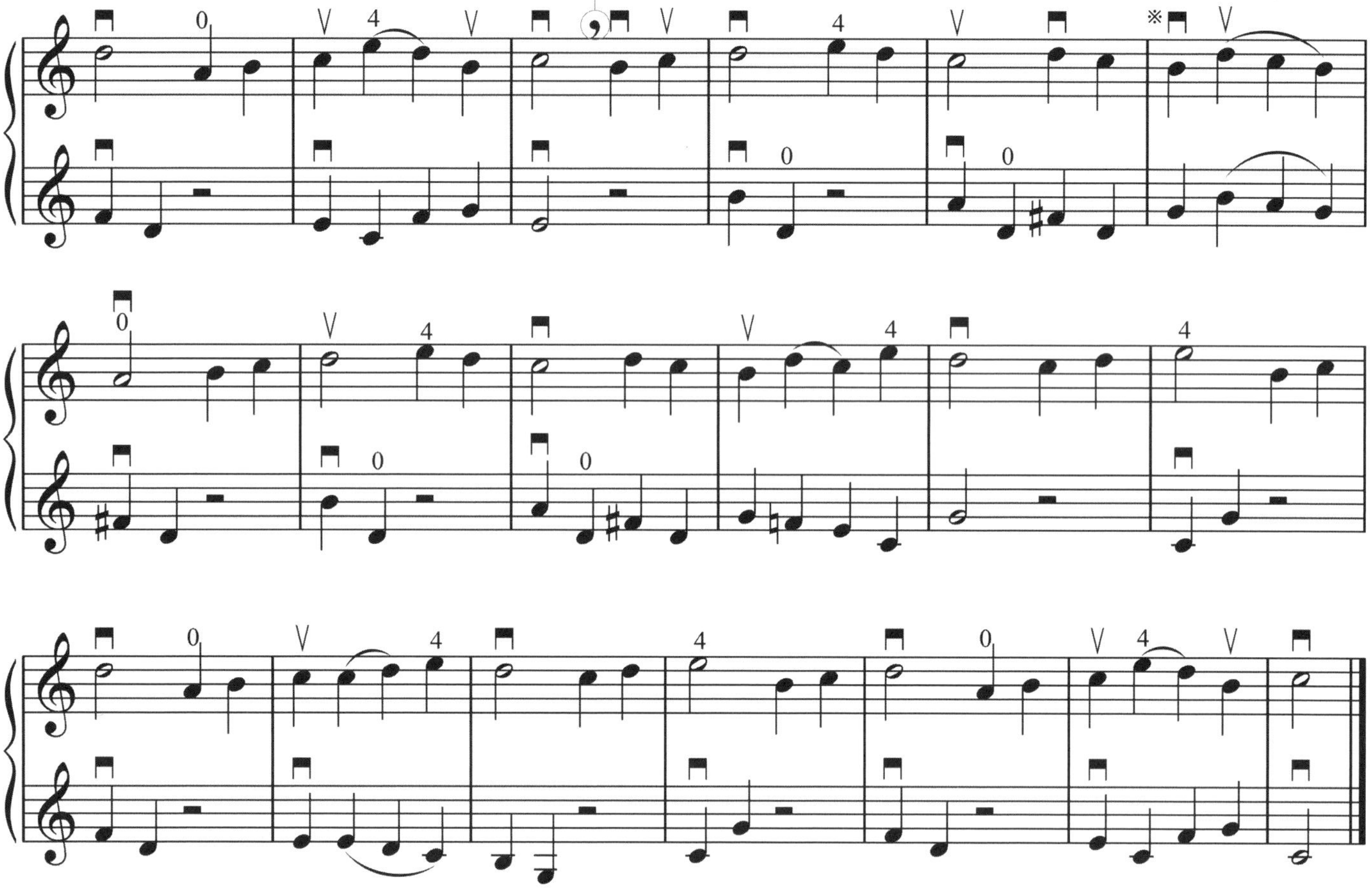

E현과 A현의 혼합 연습

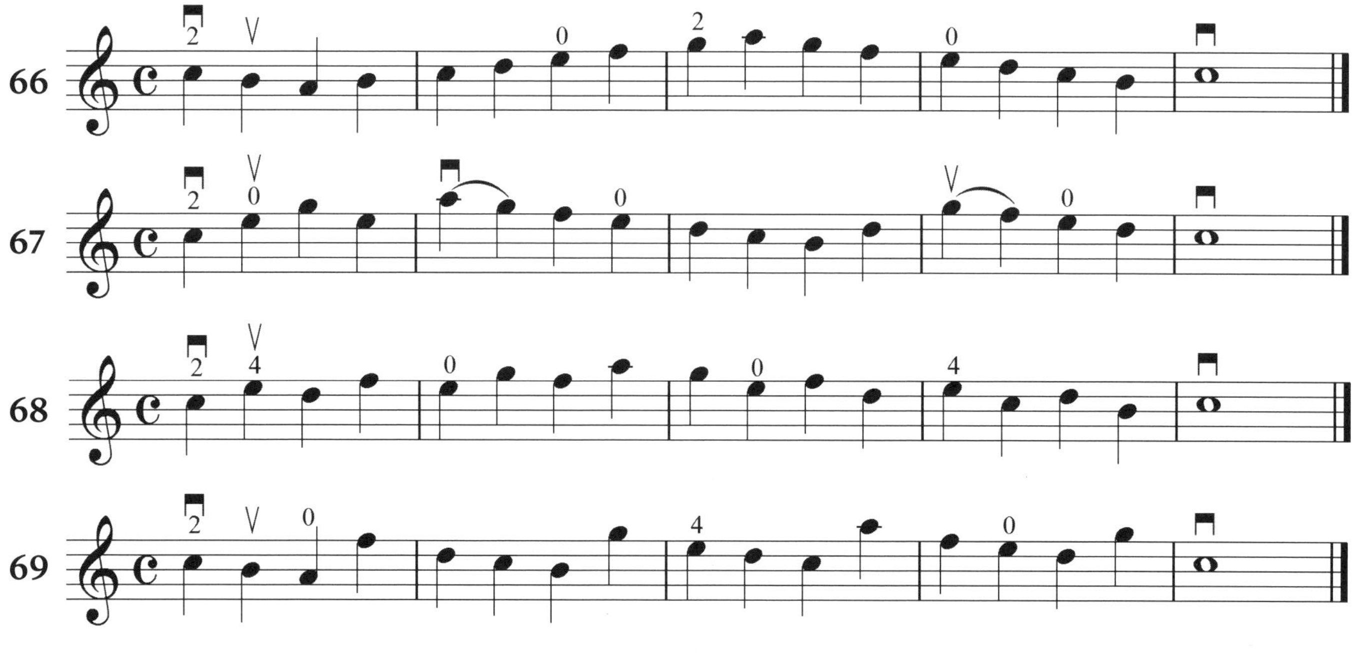

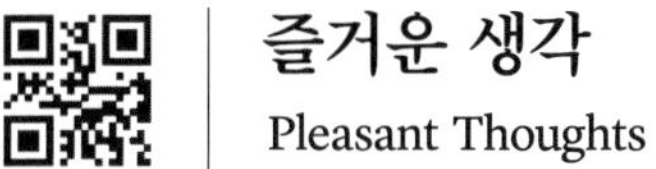

즐거운 생각
Pleasant Thoughts

구걸하는 아이
The Beggar Child

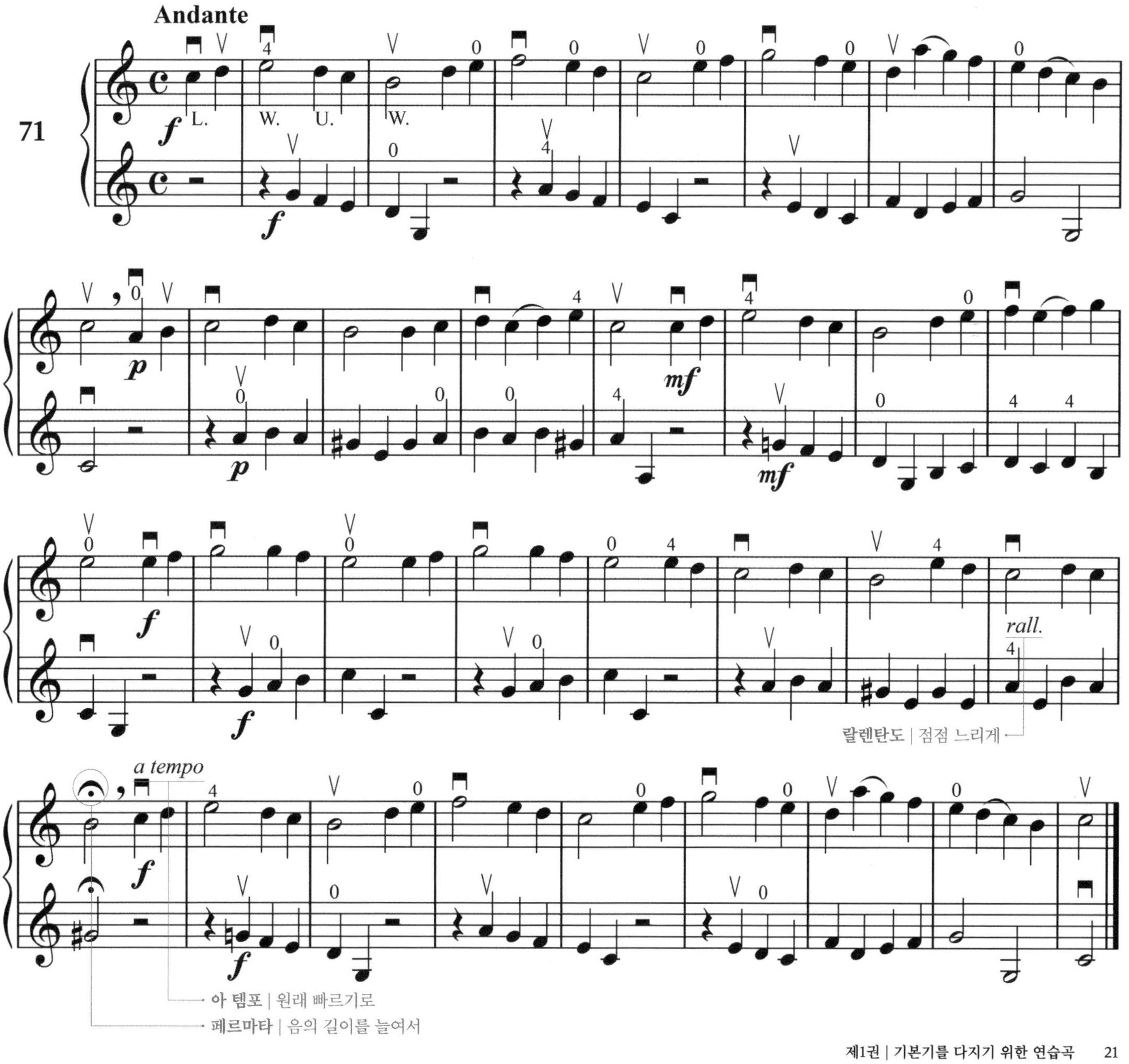

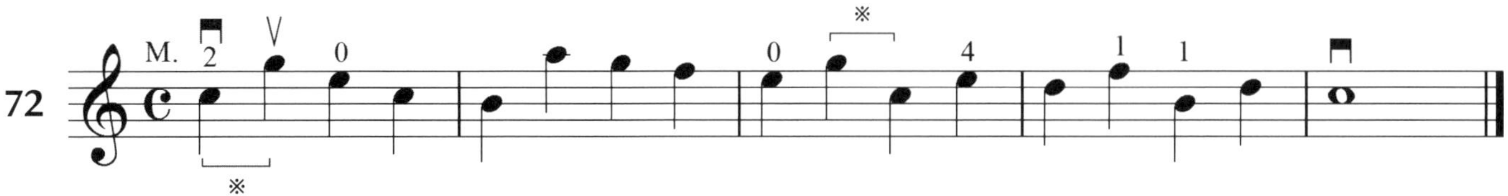

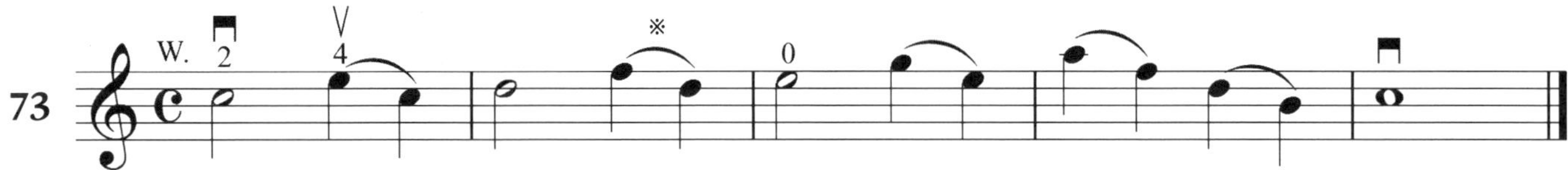

짤막한 포크송
A Little Folk-Song

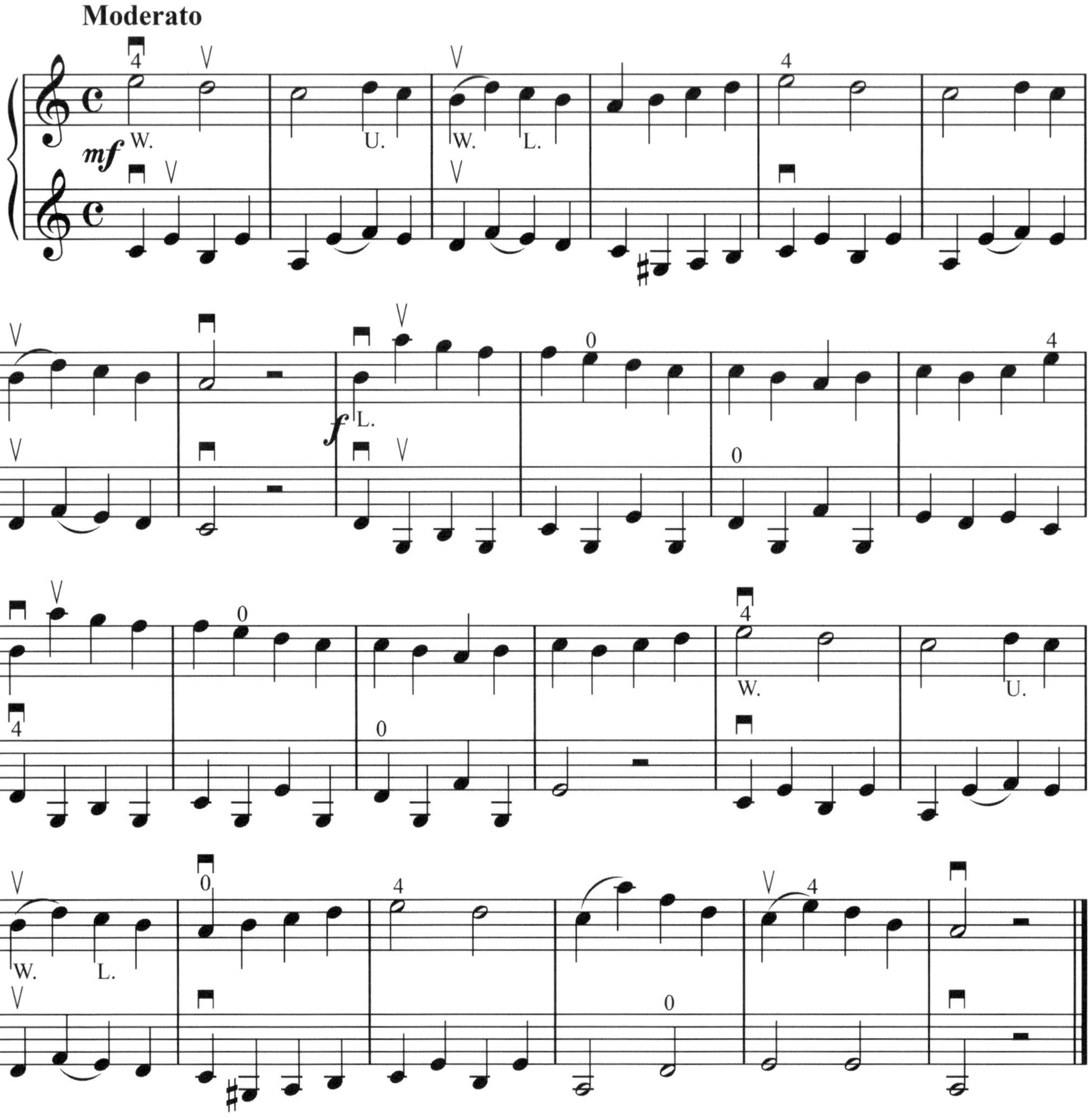

즐거운 파티
The Merry Party

Allegretto

75

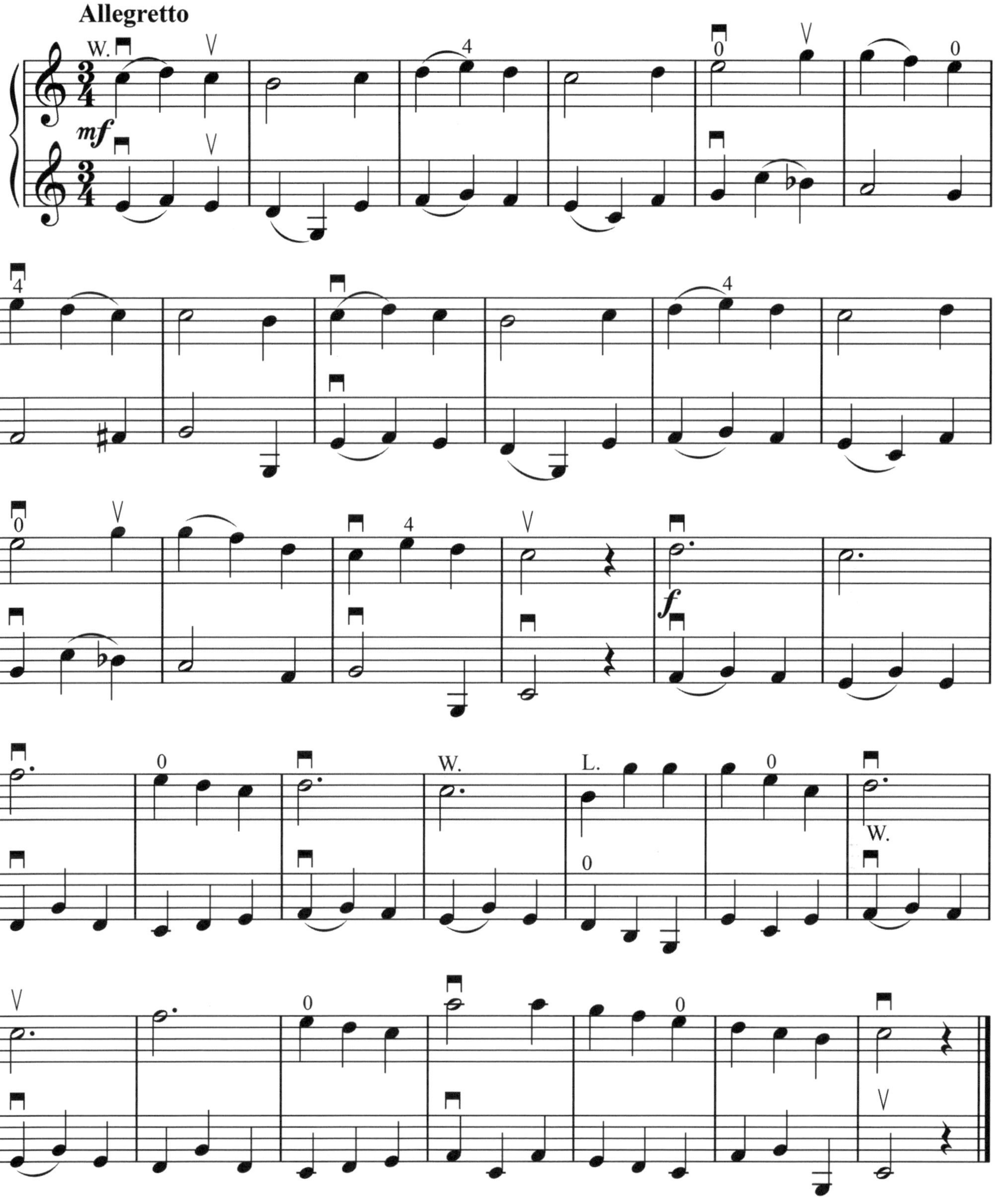

사장조 G-Major

76

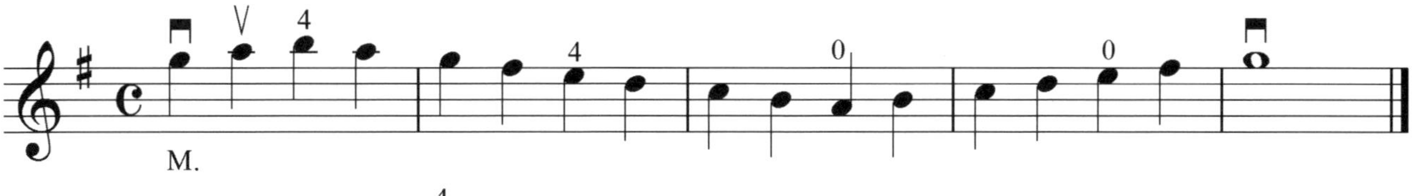

77

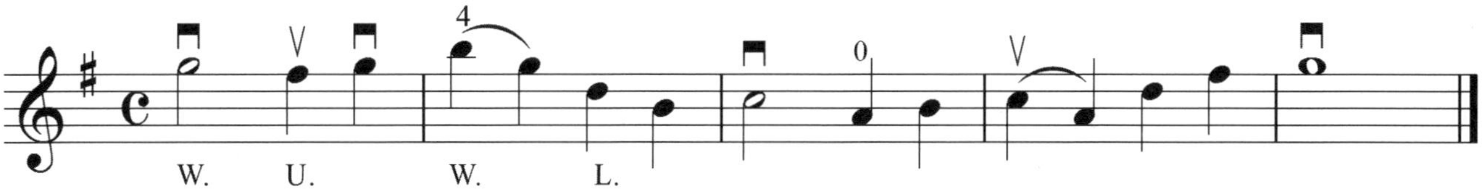

TIP | 78~79 지금의 수준에서 이중음은 아직 어려운 것이 분명합니다. 두 현이 동시에 활털에 닿지 않는다고 해서 힘주어 누르면 깨끗한 소리가 나지 않습니다. 그럴 때는 현을 가볍게 그으면서 '각도'를 섬세하게 조절해 보세요.

78

79

엄마의 노래
Mother's Song

TIP 표시한 부분(※)은 4분음표라도 다음 음의 풍부한 소리를 위해서 온활을 쓰는 것이 좋습니다.

80
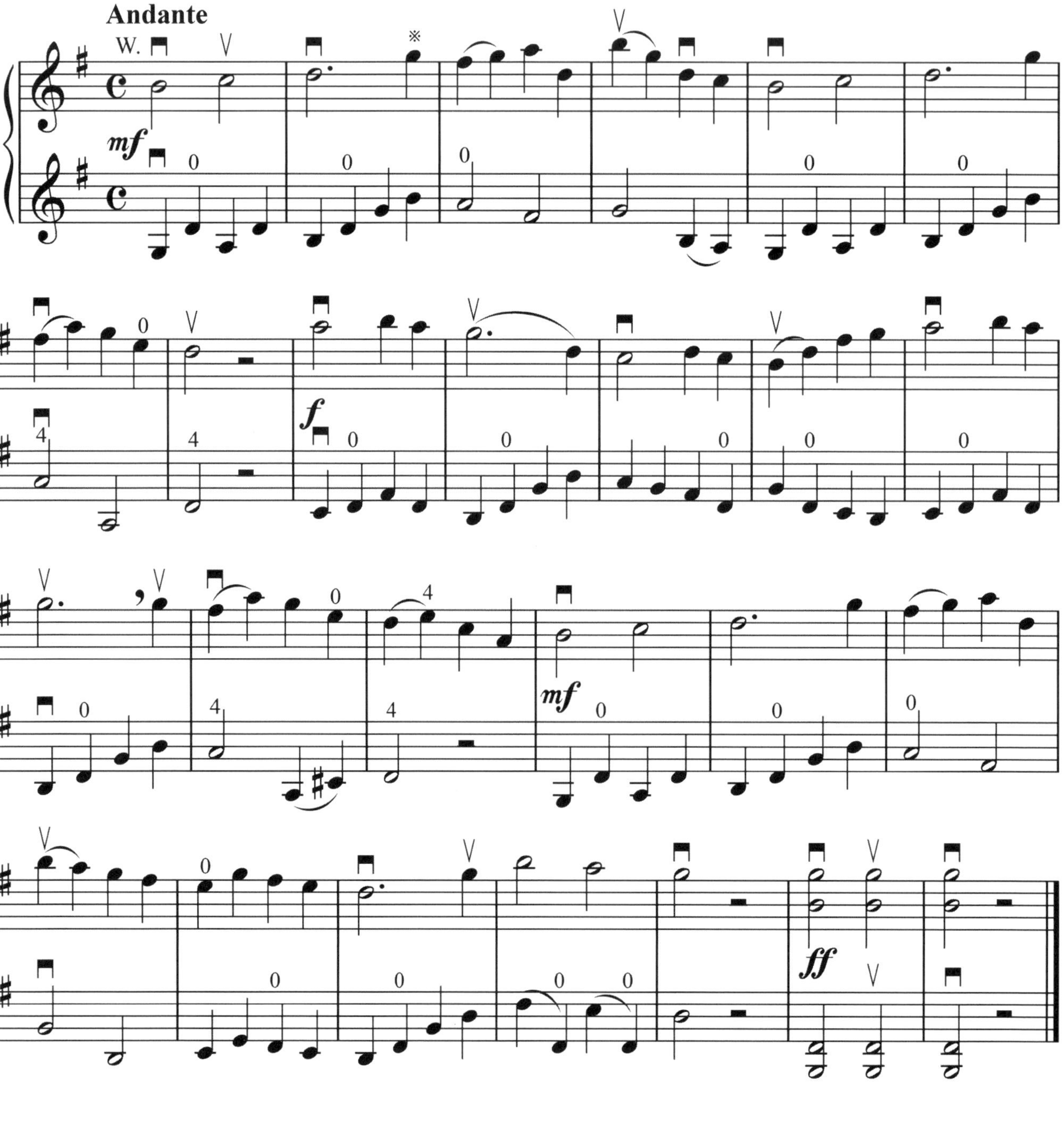

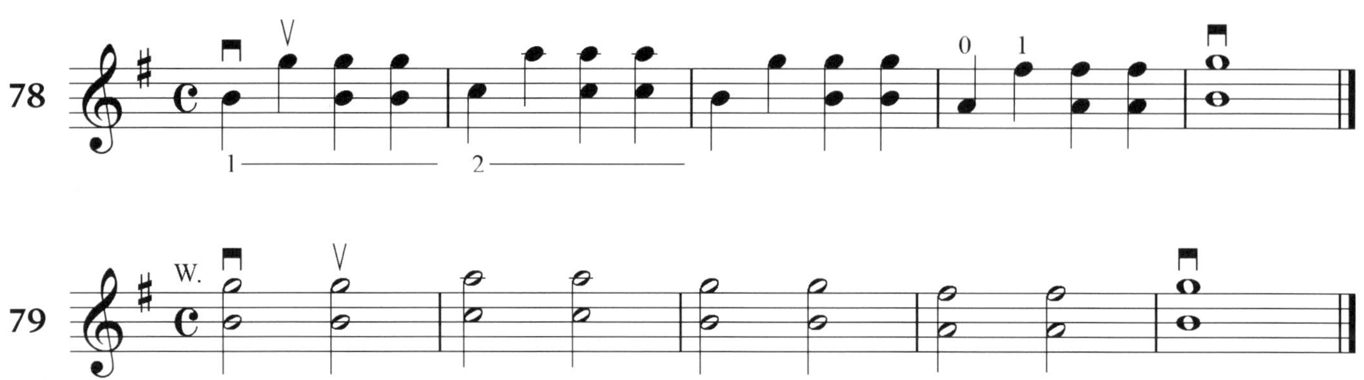

베이비 왈츠

Baby's Waltz

TIP 51번, 75번에서 사용한 활쓰기를 참고하세요.

83

TIP 84~87 8분음표는 반활로, 4분음표 이상은 온활로 연주합니다.

84

85

86

87

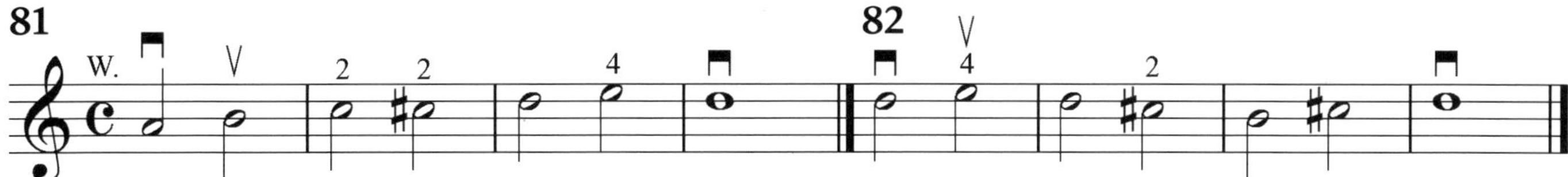

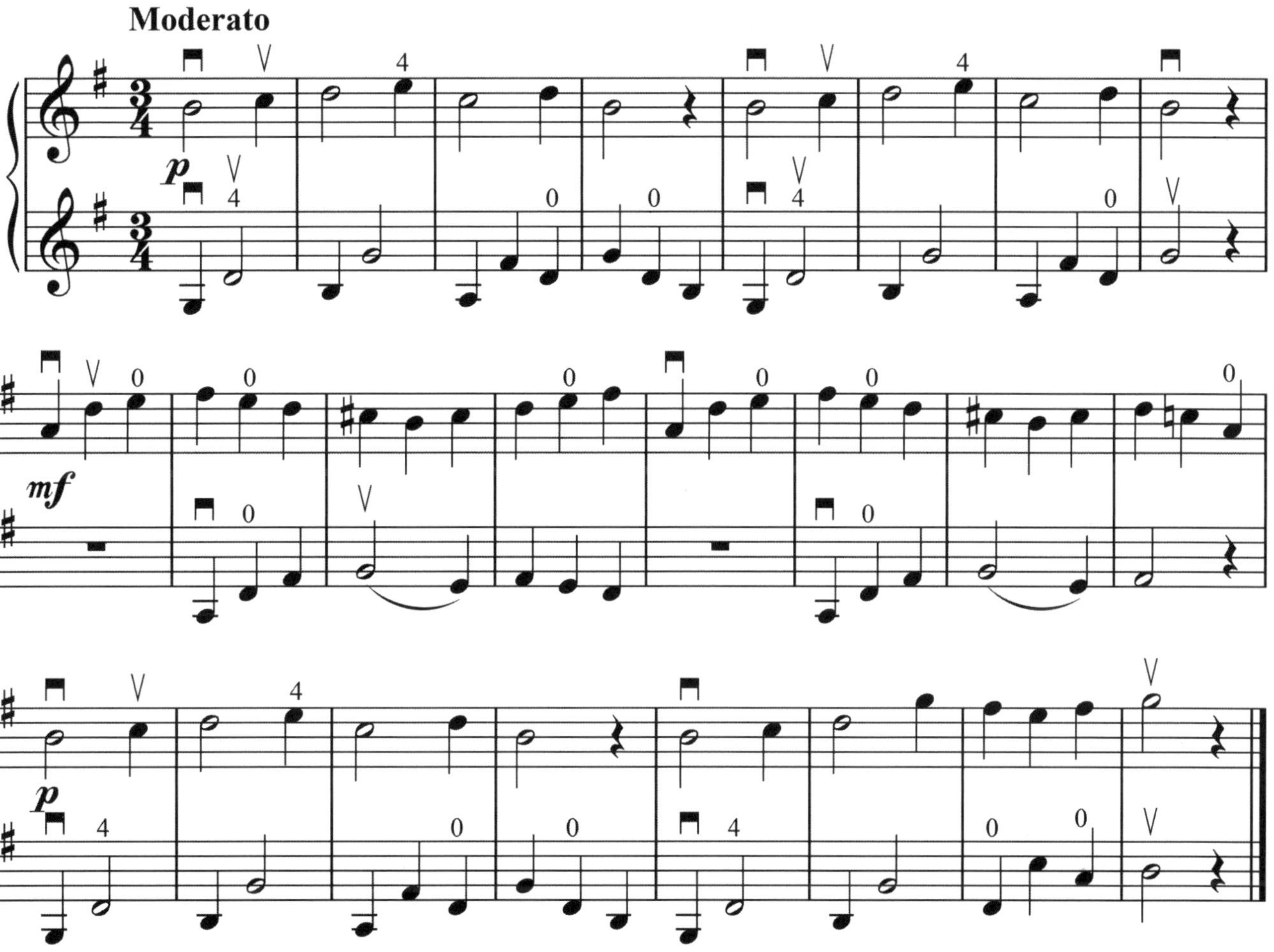

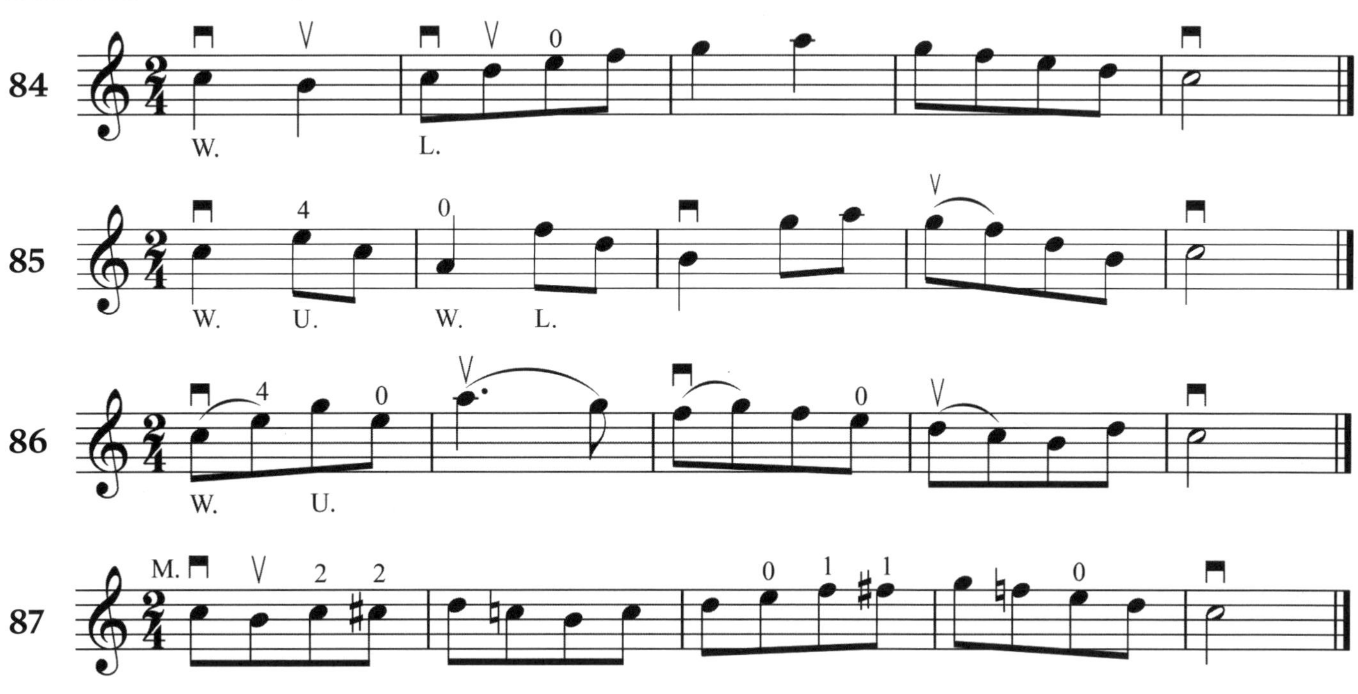

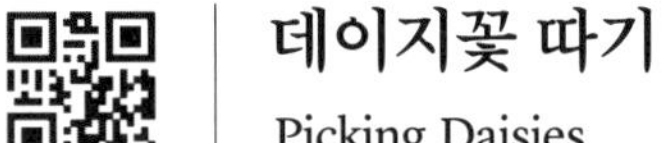

데이지꽃 따기
Picking Daisies

눈물겨운 이야기
Pathetic Story

92
93
94
95
정오의 휴식
Mid-day Rest
TIP 천천히 연주하며 정확한 음정을 짚을 수 있도록 집중하세요.
Adagio
96
즐거움
Hilarity
TIP 51번의 활 쓰는 방법을 참고하여 점2분음표를 온활로 쓸 수 있도록 준비하세요.
Allegro
97
cresc.
크레센도 | 점점 세게

4. D현 음정 익히기

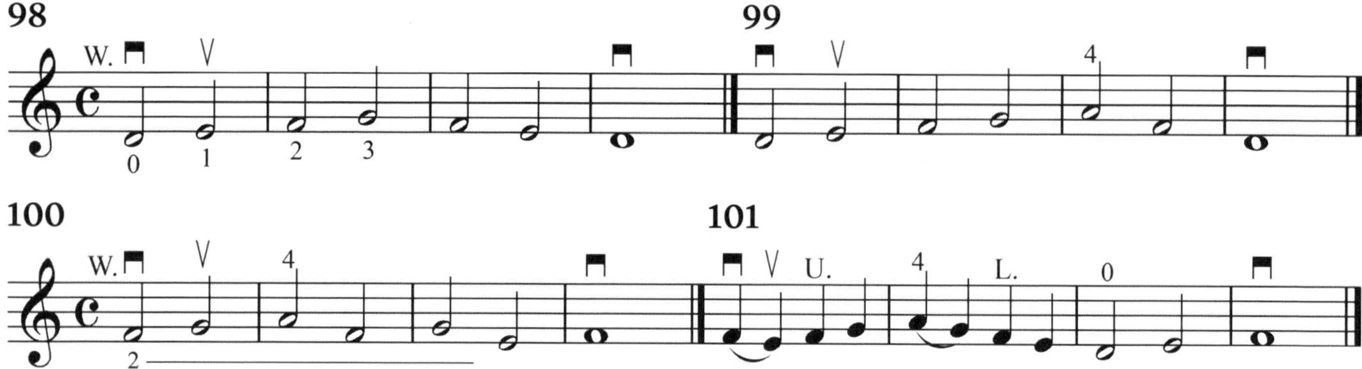

TIP 같은 2분음표라도 여린 소리를 낼 때는 활을 적게 쓰고, 센 소리를 낼 때는 활을
많이 써야 합니다. 그러면서 활털과 현을 밀착해서 긋는다면 더 크게 소리가 날 것입니다.

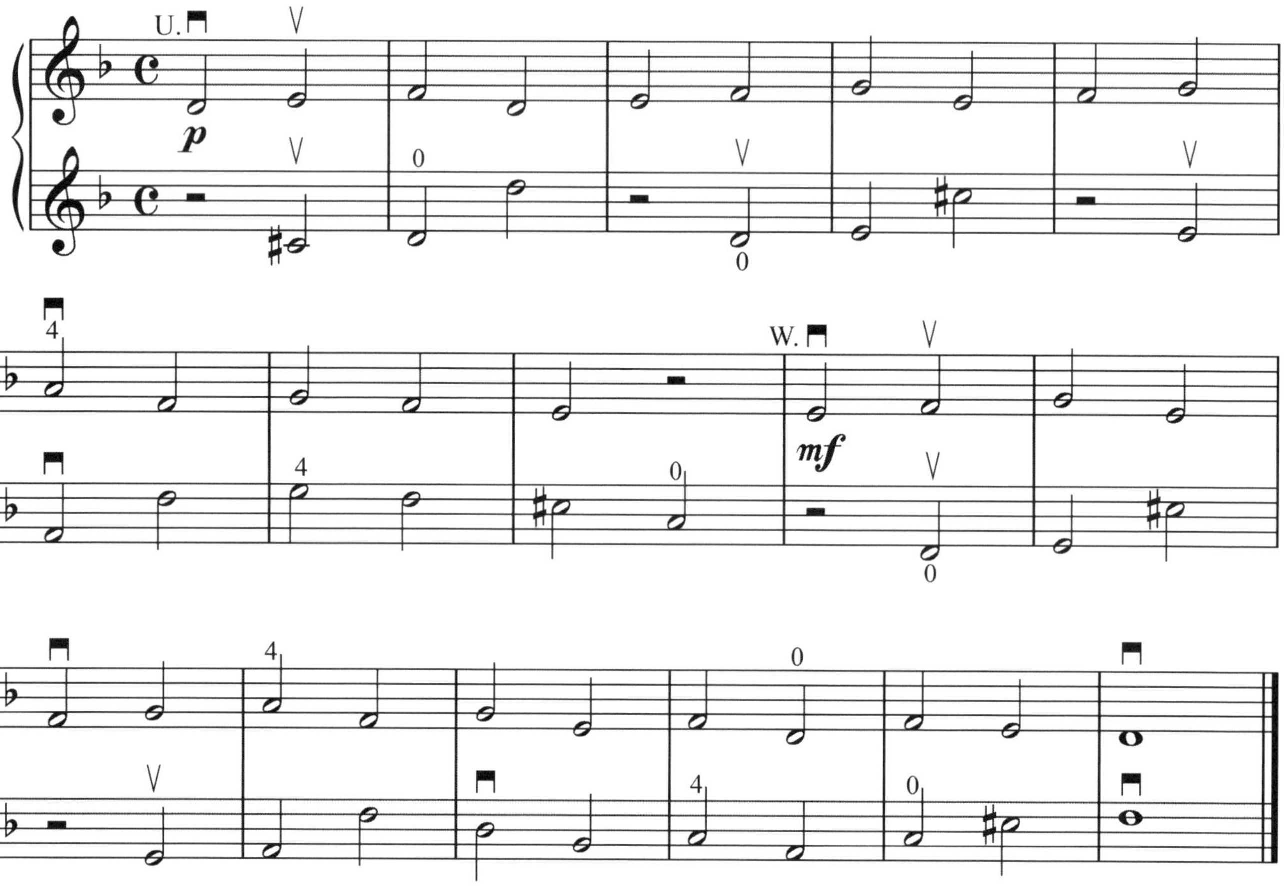

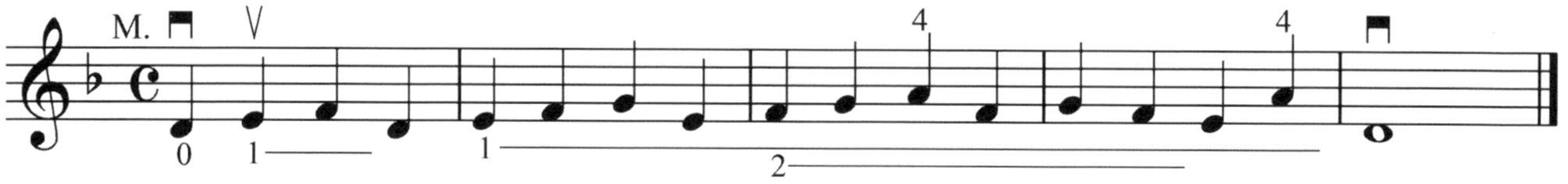

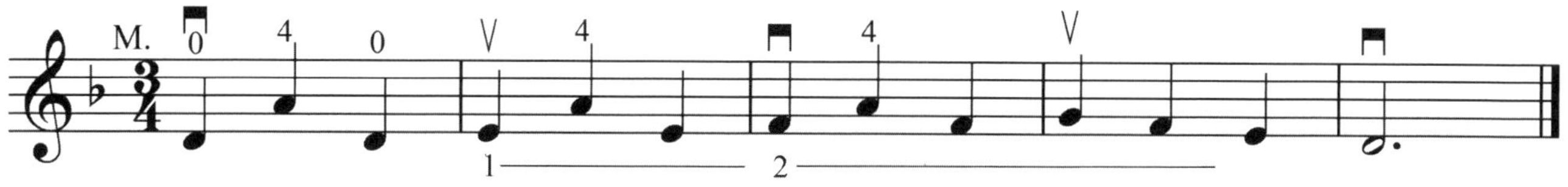

황혼의 노래
Twilight Song

TIP 점4분음표와 8분음표의 조합을 연주할 때는 점4분음표에서 활을 충분히 사용합니다.

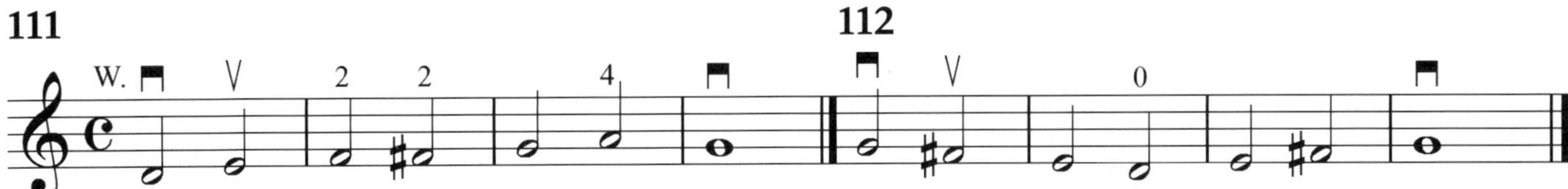

111 **112**

사장조[G-Major]

113

114

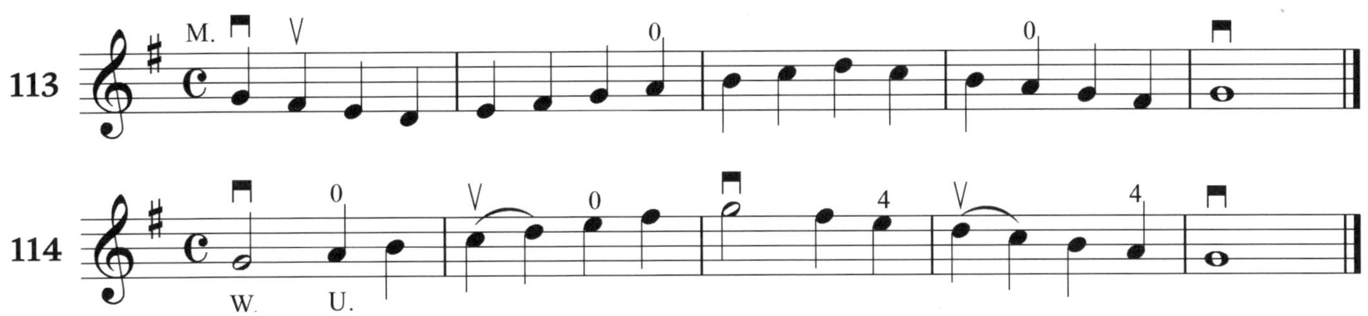

짤막한 노래

A Little Song

TIP 표시한 부분(※)에서는 손가락을 떼지 않은 채로 넘겨 짚어 음이 끊어지지 않도록 합니다.

Andantino

115

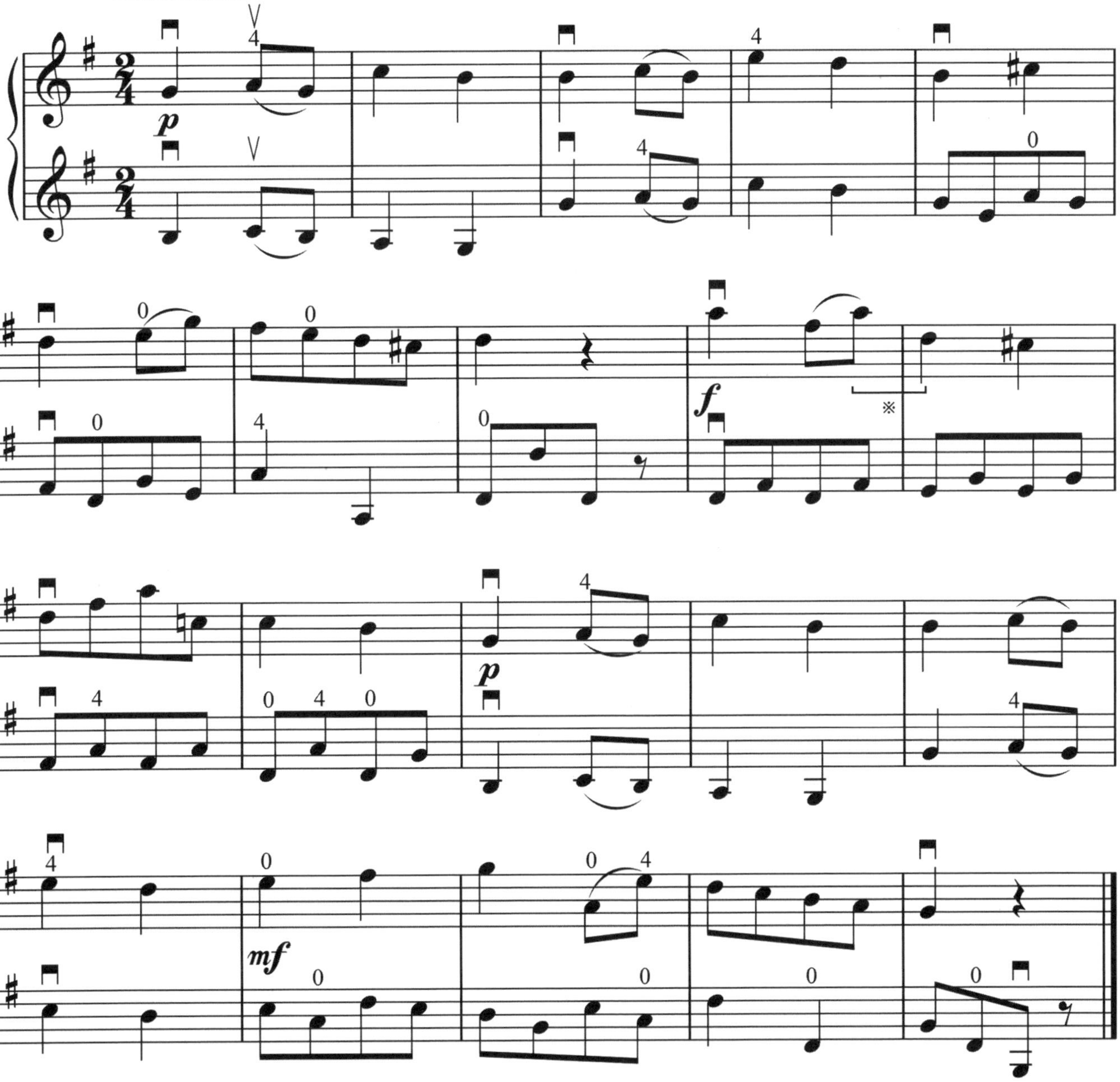

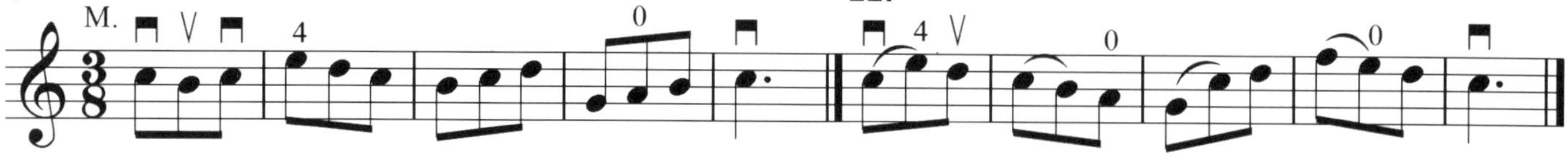

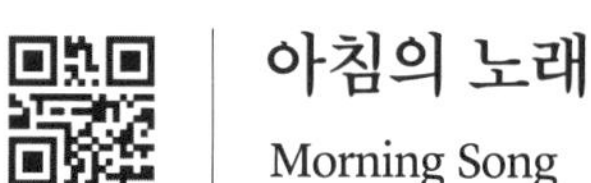
그네를 타고
In the Swing

TIP 118~119 51번, 75번에서 익힌 활쓰기를 응용하여 활 속도를 조절하며 연주하세요.

Andantino

118

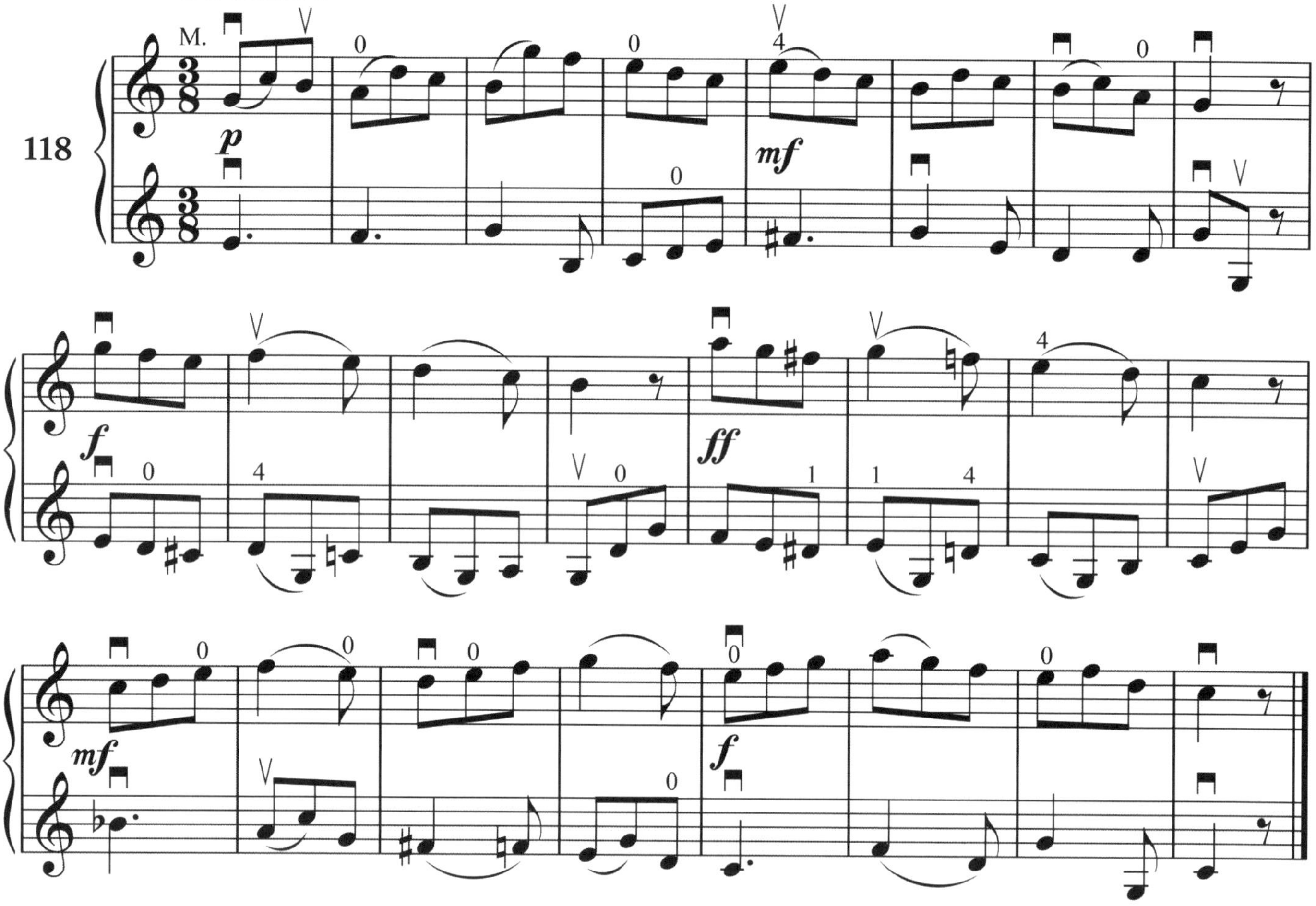

아침의 노래
Morning Song

A. Harder

Allegretto

119

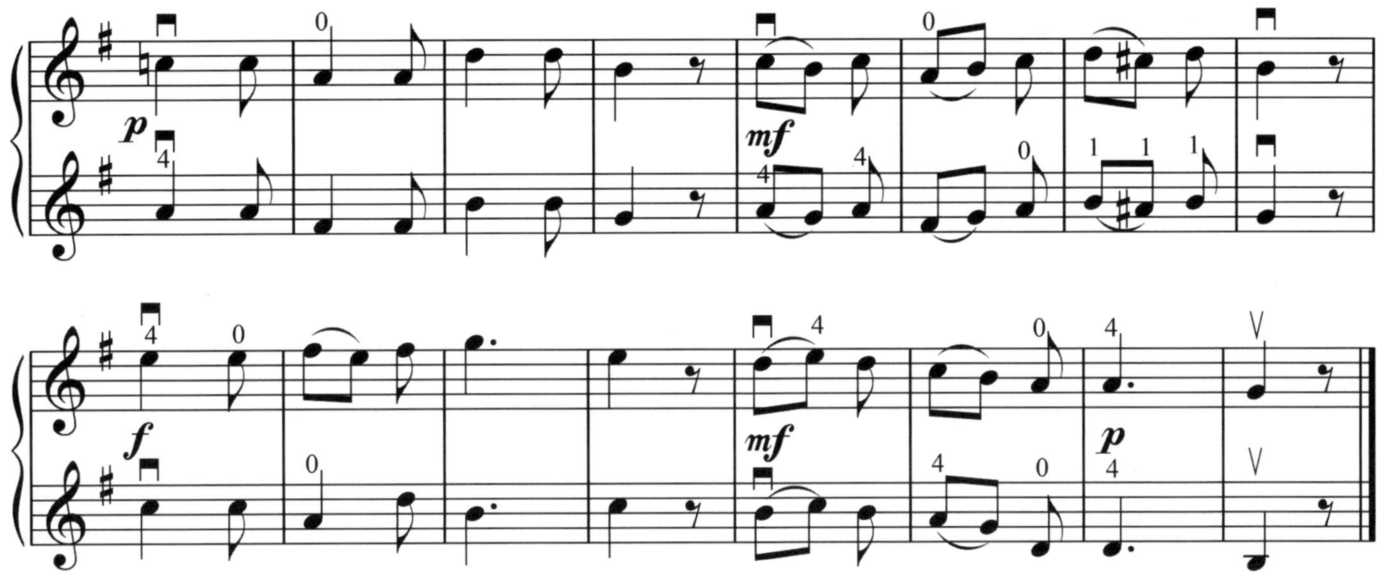

120

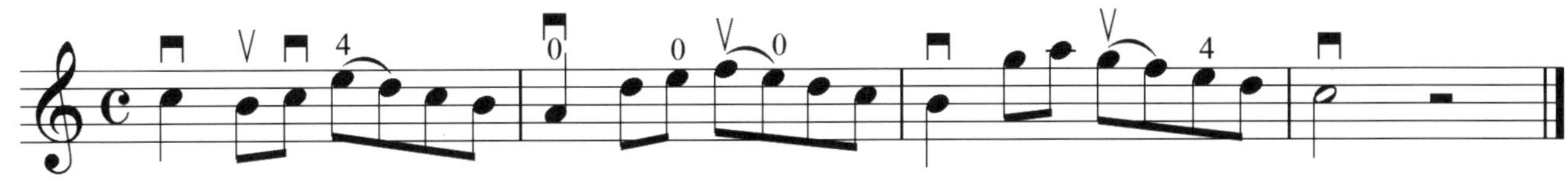

121

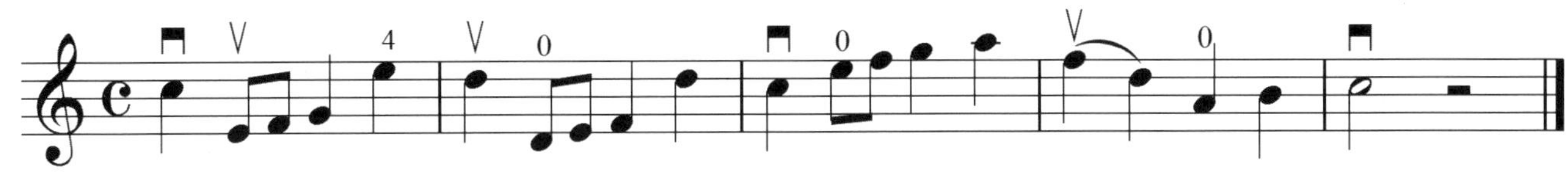

병정놀이
Playing Soldiers

TIP 표시한 2분음표(※)는 활 속도를 충분히 늦추어 박자가 잘 채워지도록 신경 쓰세요.

Allegro

122

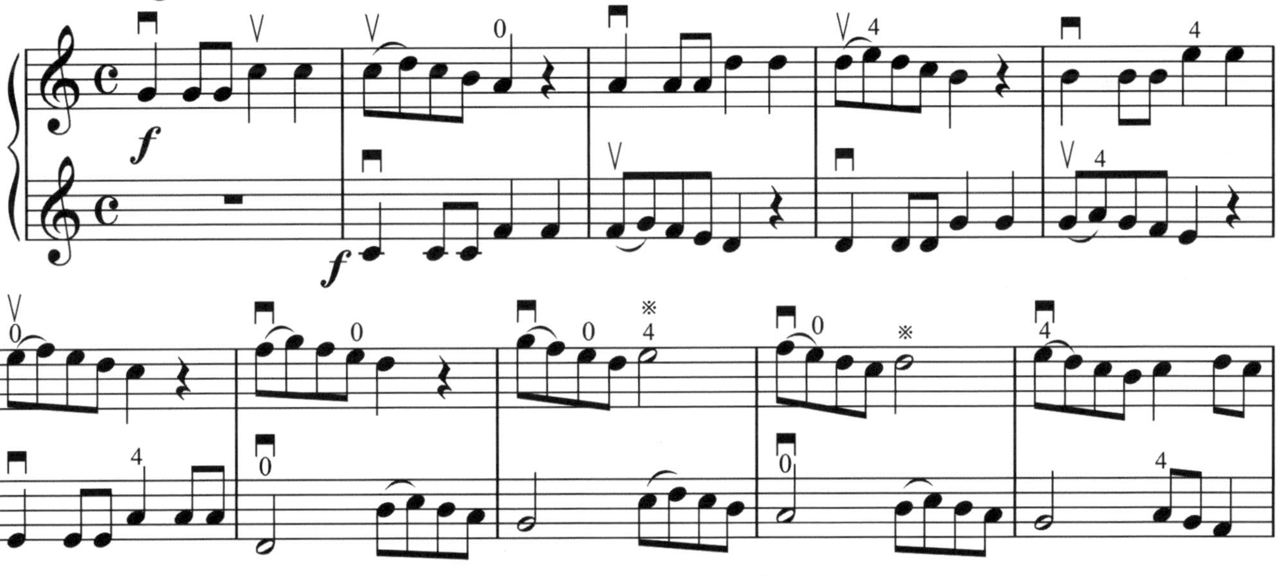

스타카토 | 원래 길이의 절반 정도로 짧게 끊어 절도있게 연주합니다.

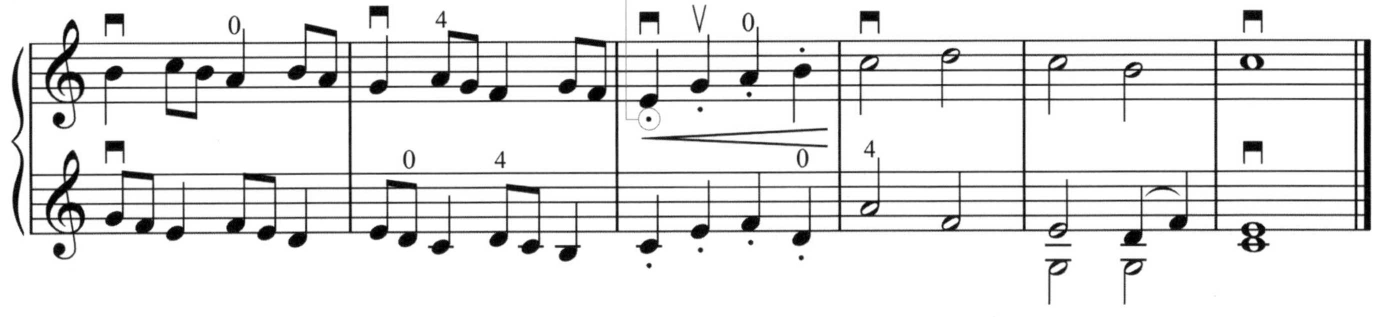

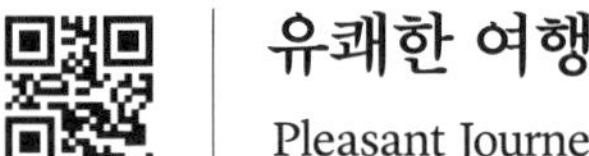

유쾌한 여행
Pleasant Journey

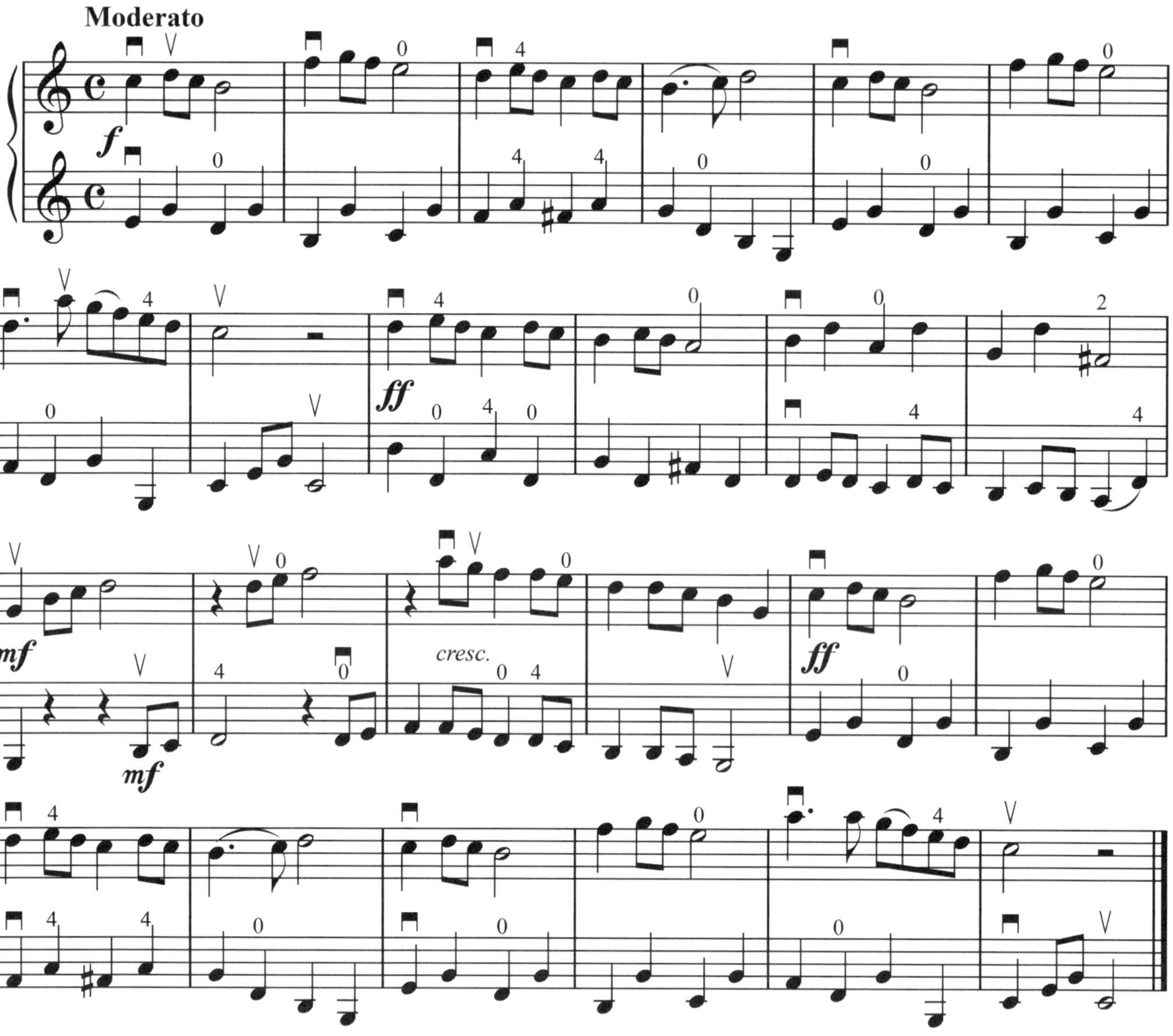

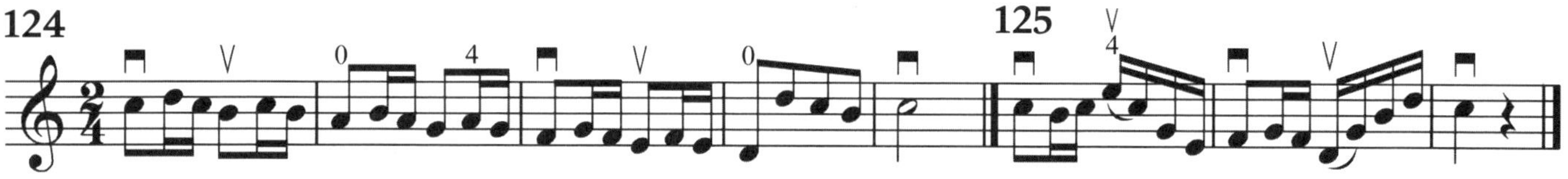

123

124　125

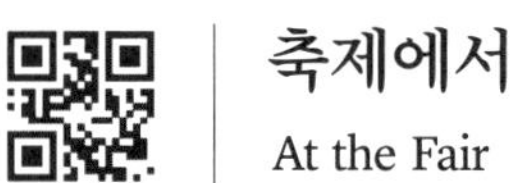

축제에서
At the Fair

L. Spohr

제비꽃밭
The Violet Patch
Allegretto
127
TIP 손가락을 다음 음정의 위치 부근에서 미리 준비하면 음을 더 부드럽게 연결할 수 있습니다.

5. G현 음정 익히기

→ 셈프레 크레센도 | 계속해서 점점 세게

사장조^{G-Major} 음계

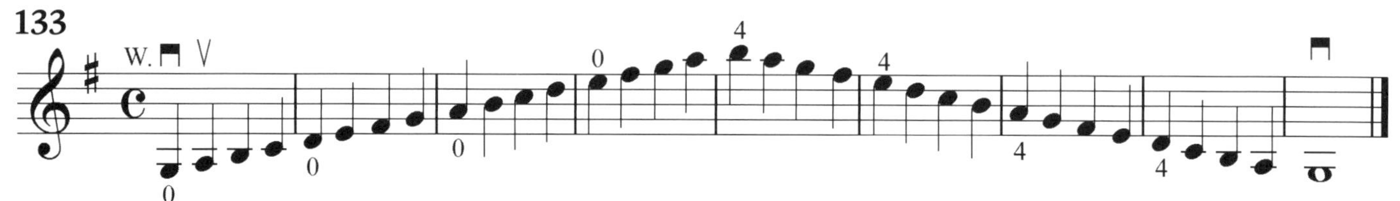

꼬마 장군
The Little General

TIP 처음으로 네 현을 모두 사용하는 곡입니다. 현을 옮길 때마다 각도에 유의하세요.

다장조C-Major 음계

135

어린 방랑자
The Little Wanderer

TIP 짧은 음표가 많이 나오는 빠른 곡이므로 템포를 높일 때는 활을 짧게 써도 무방합니다. 표시한 부분(※)에서는 임시로 3번 손가락을 사용하는 것이 음의 연결상 더 효율적입니다.

Allegro

136

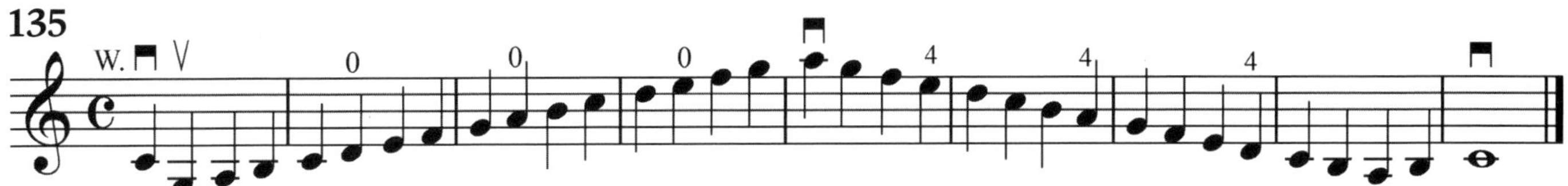

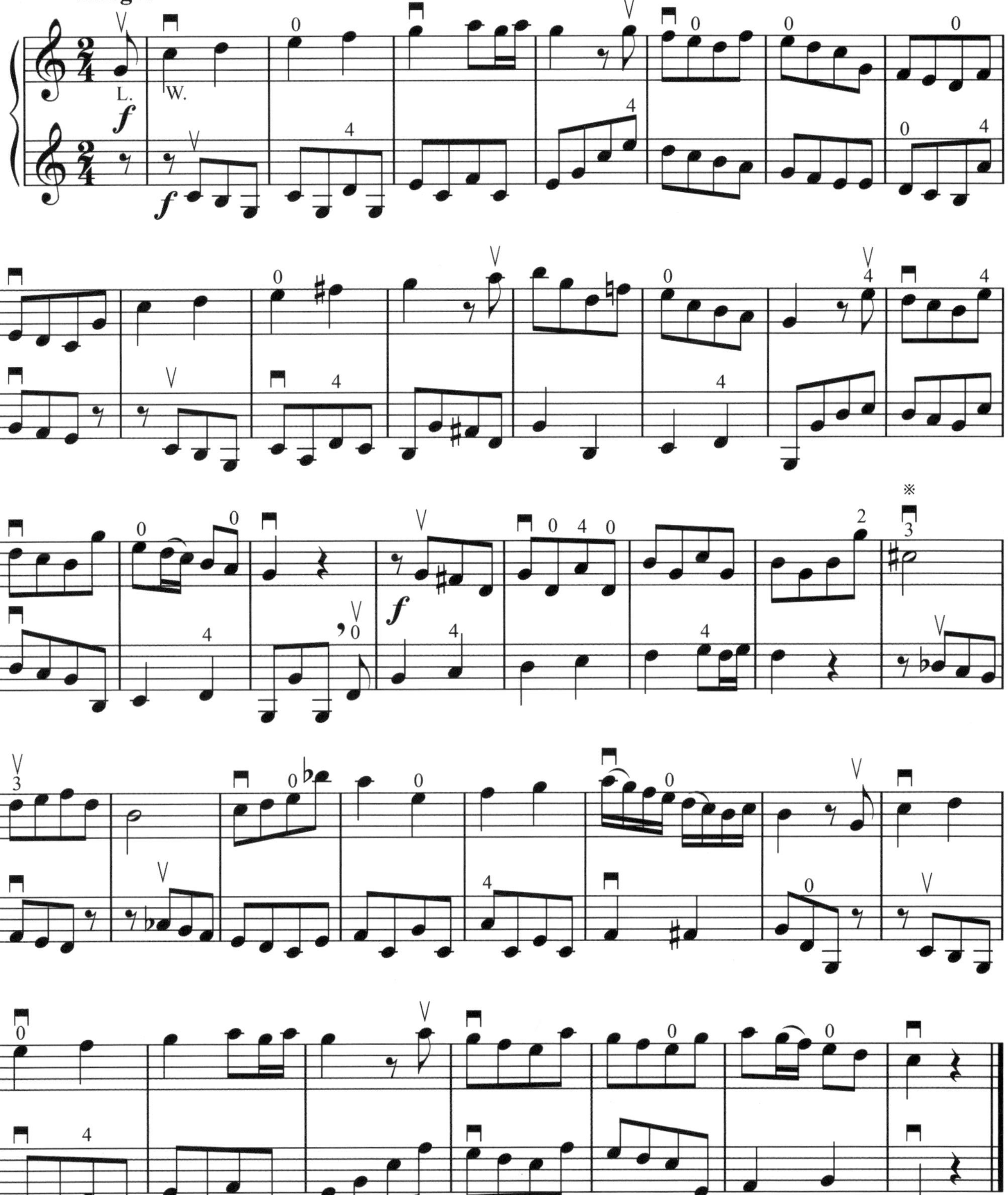

137

138

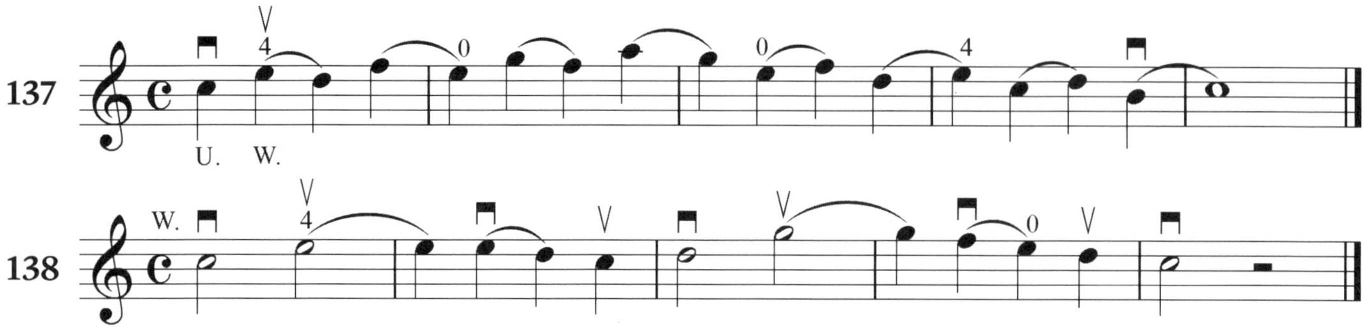

중대한 문제
A Serious Problem

TIP 긴 박자에서 온활을 사용할 수 있도록 앞 활에서 미리 생각하며 연주하세요.

139

140

하이랜드의 무용수들
The Highland Dancers

TIP 사중음을 연주할 때는 먼저 저음인 두 음을 짧게 긋고 나서 고음인 두 음을 길게 긋습니다.

141

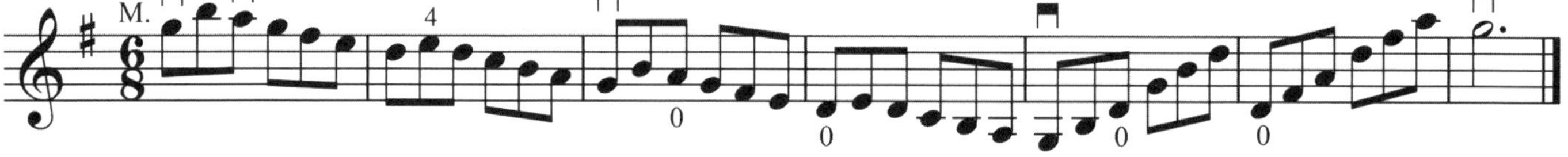

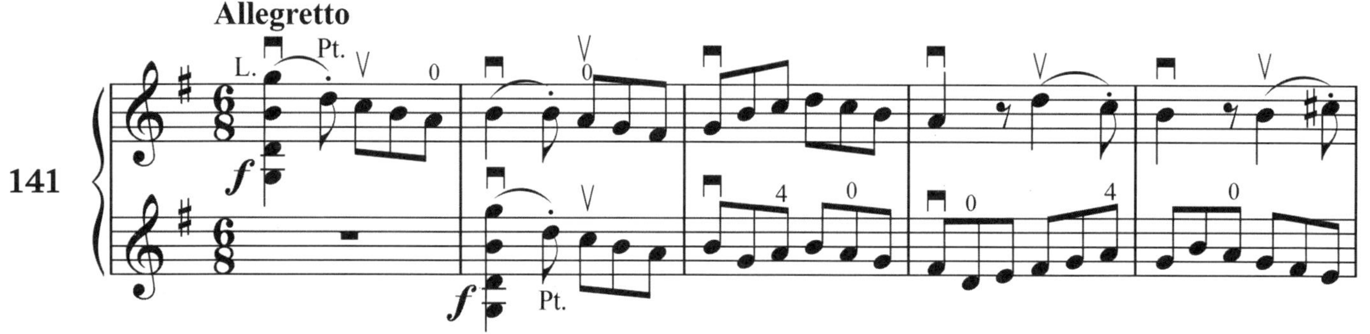

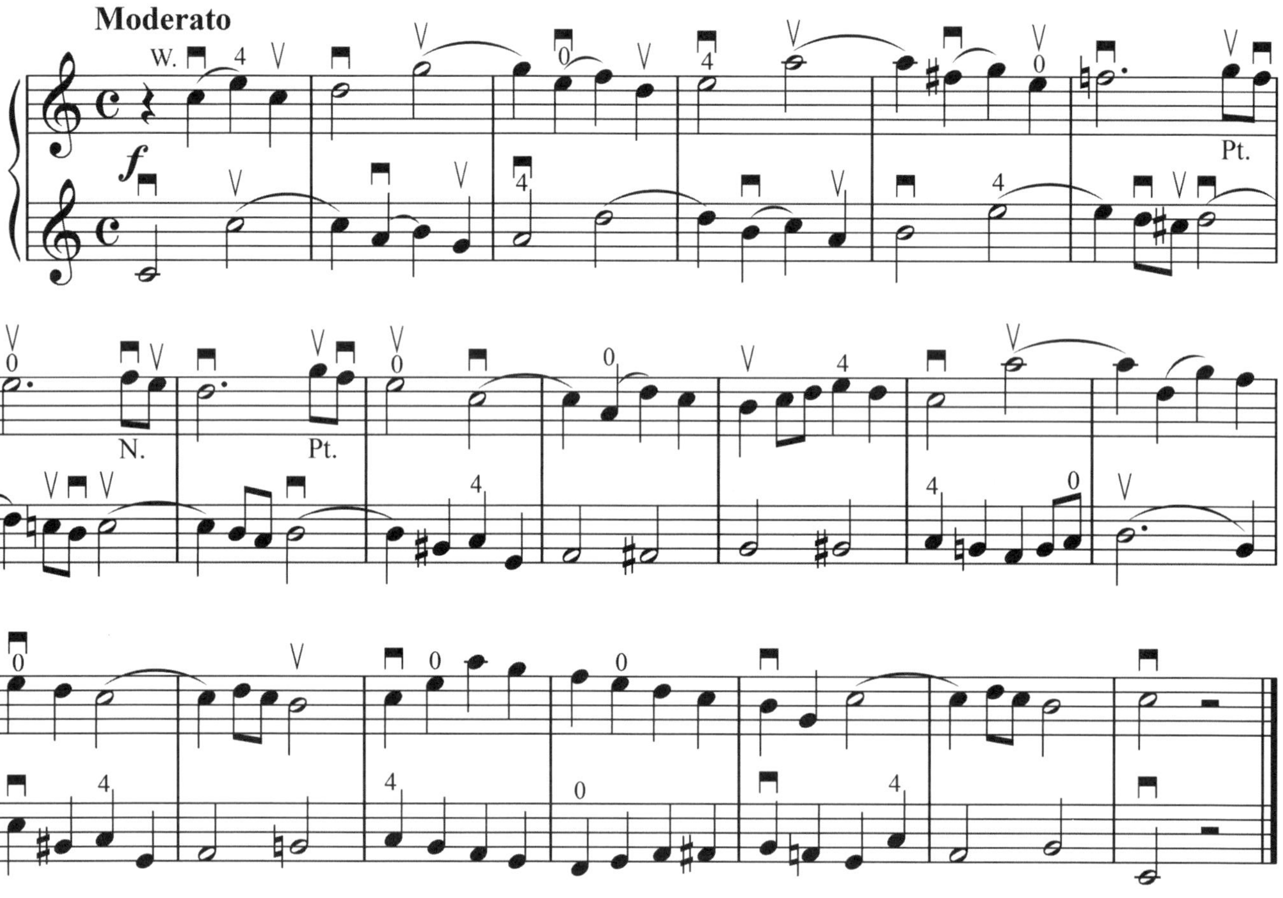

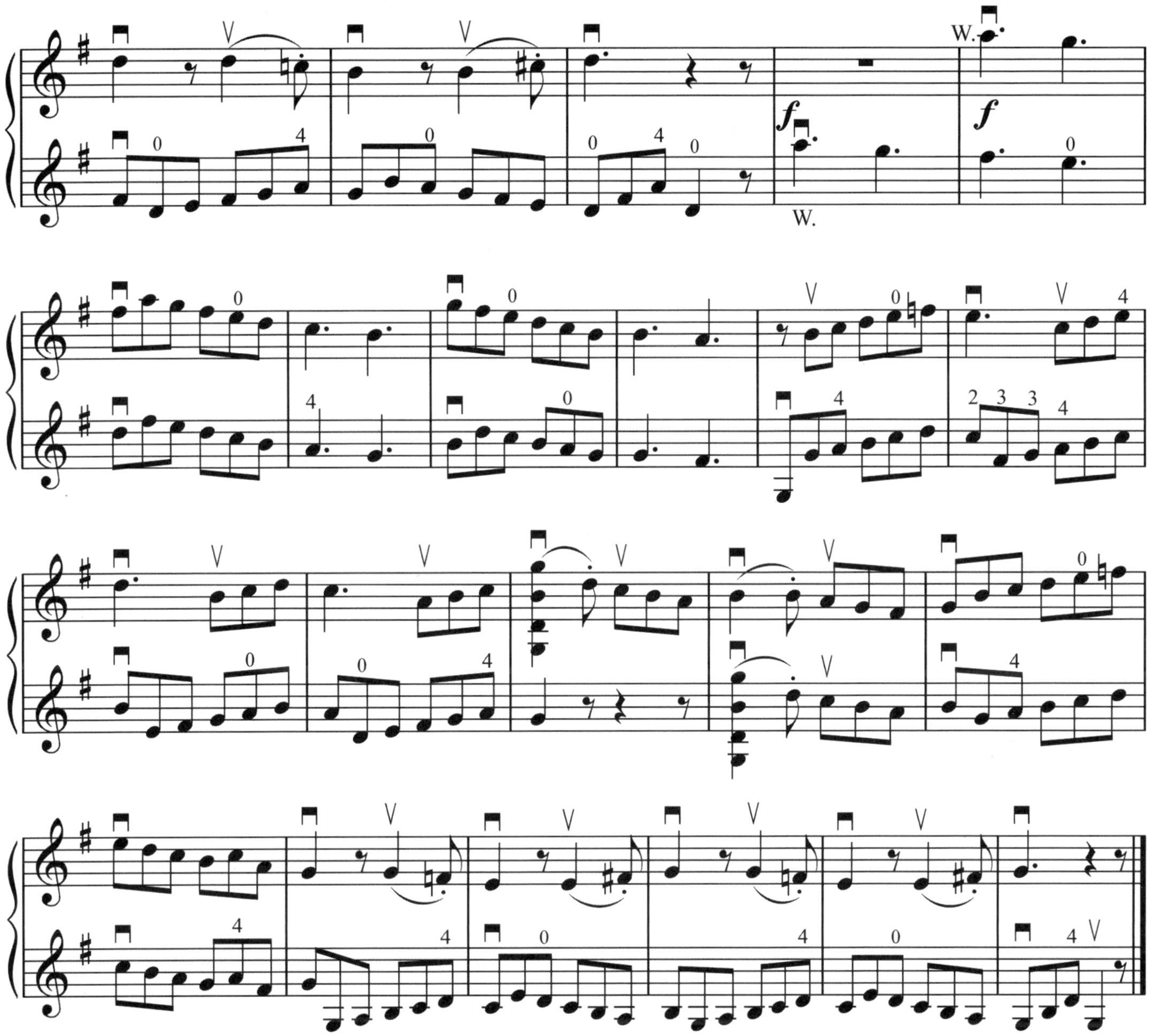

TIP 긴 이음줄(슬러)에서는 음이 고르게 분배될 수 있도록 유의하세요.

지나가는 구름
Passing Clouds

L. Spohr

142

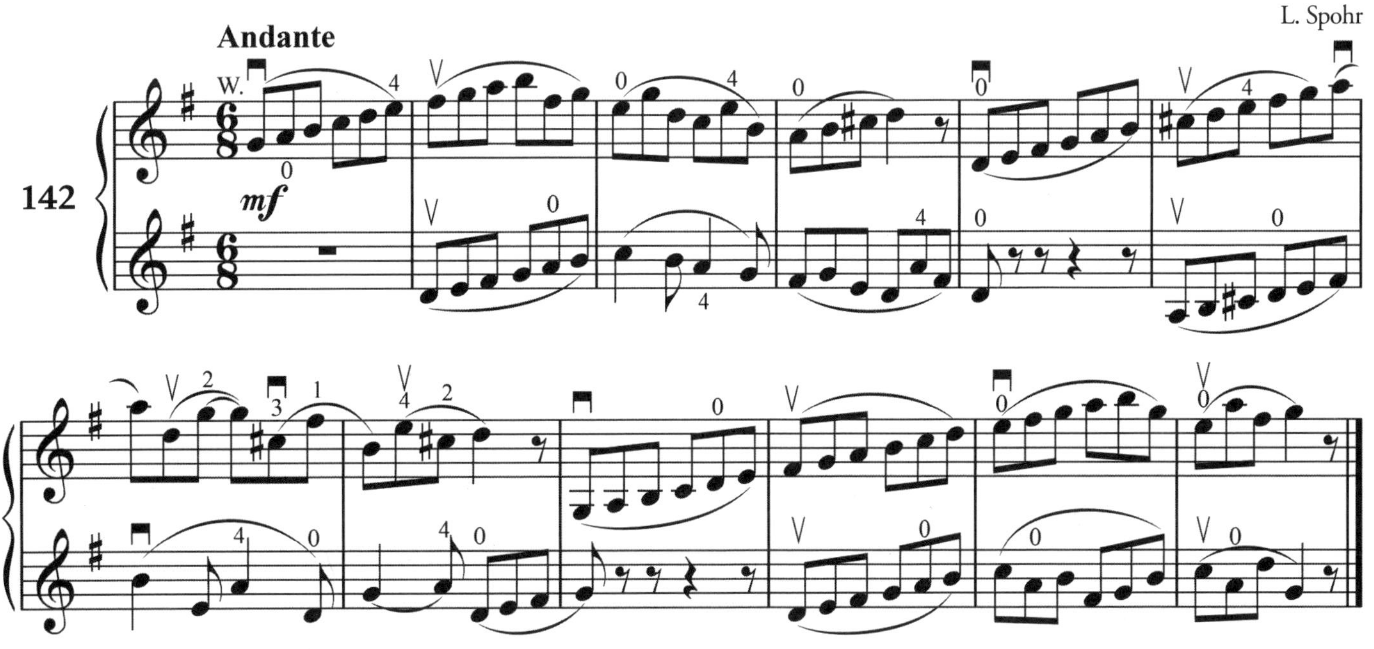

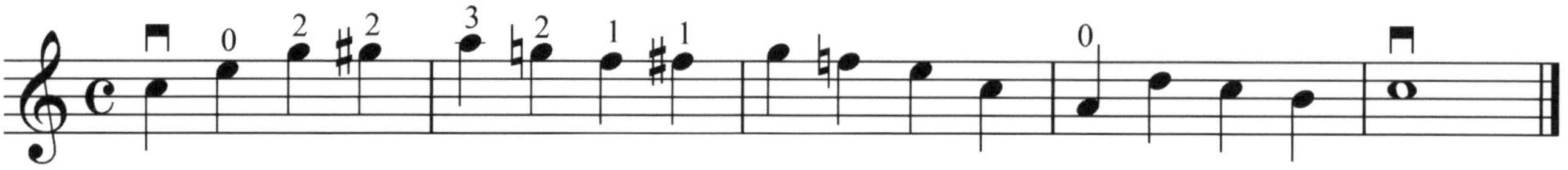

할머니 댁에 놀러 가요
A Visit to Grandma's

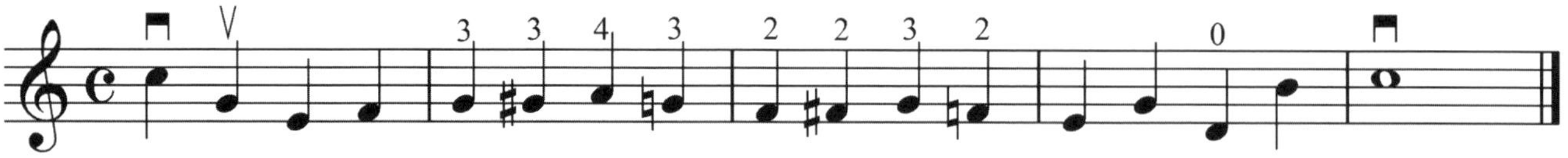

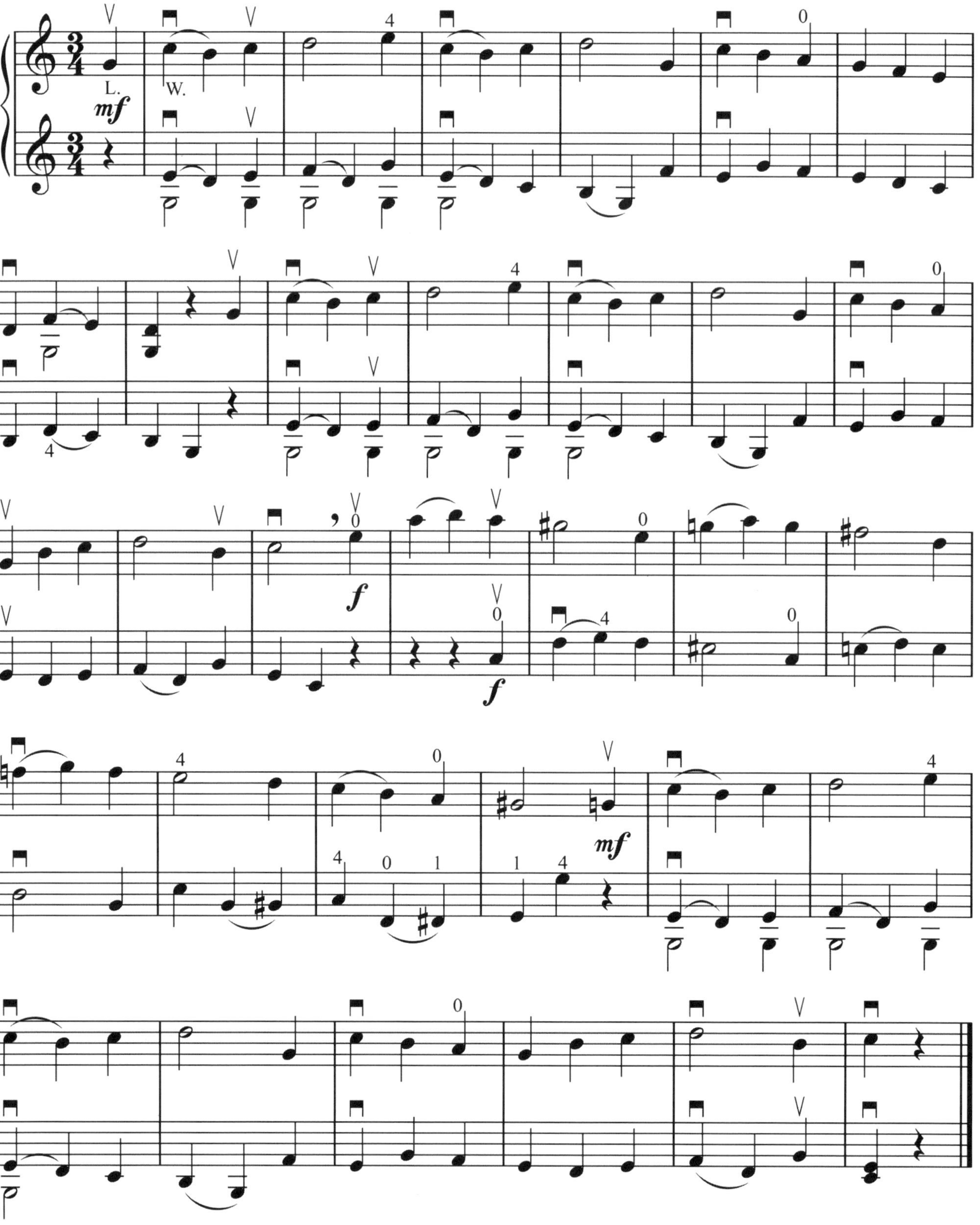

146
147
슬러 스타카토 | 같은 방향으로 긋되 스타카토보다 조금 더 길게 켜고 끊습니다.
유행가
A Popular Song
J. Fröhlich
TIP 같은 패턴의 리듬이라도 셈여림의 차이에 따라 활 쓰는 양을 조절해서 연주해야 합니다.
Moderato
148
mf
p
f
f
f
p
p
2
3
3
pp
pp
cresc.
f

배 구경

Watching the Boats

TIP 셋잇단음표, 8분음표, 4분음표, 점4분음표 등 다양한 박자가
나오므로 메트로놈을 켜고 정확한 리듬 연습에 집중해 보세요.

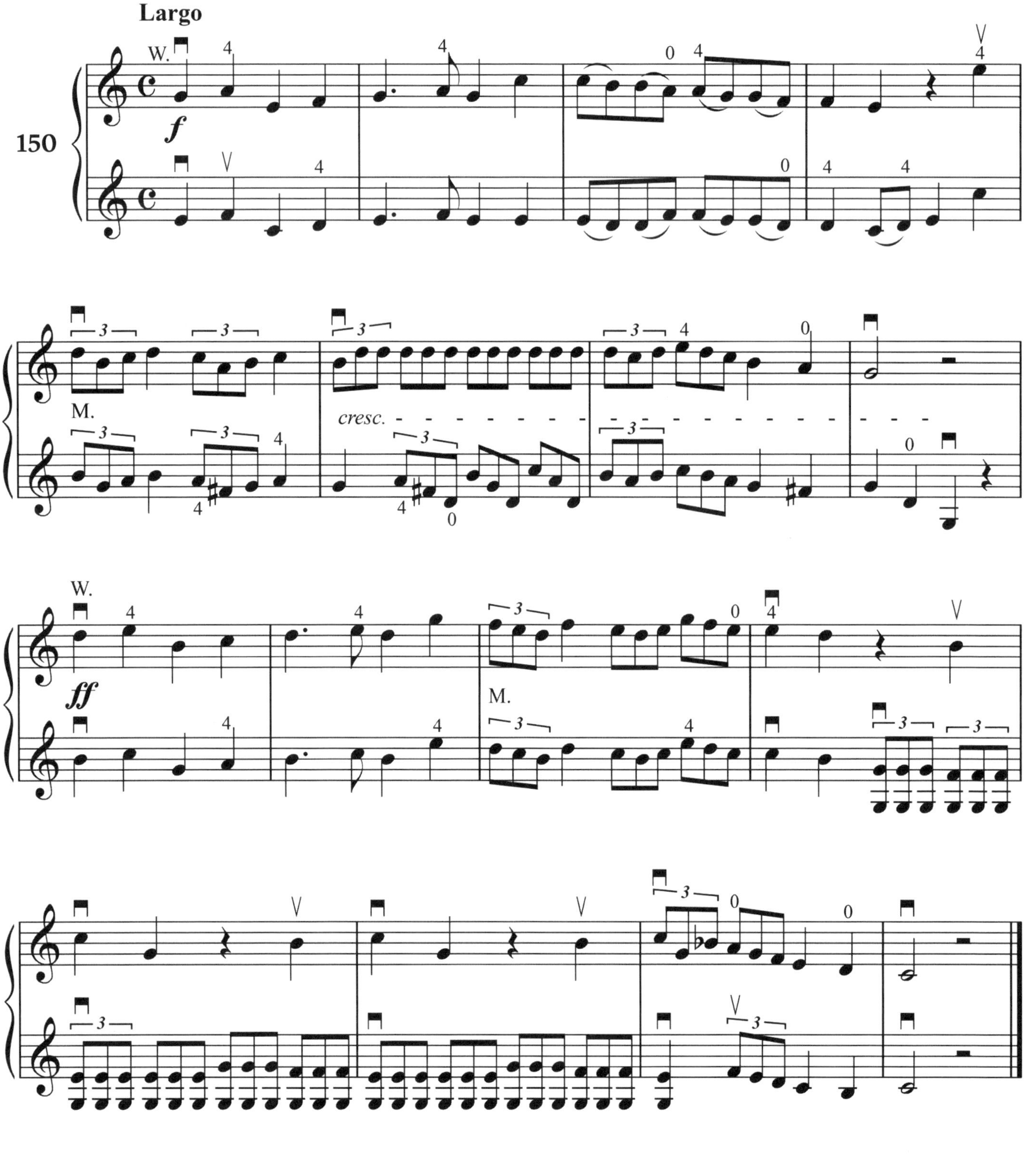

굳은 결심
Firm Resolve

TIP 포르타토는 테누토와 같은 기호에 이음줄이 붙어 있습니다. 첫째 마디에 나오는 포르타토는 90퍼센트를 연주하고 10퍼센트는 쉰다는 느낌으로 부드럽게 끊어 연주하고, 둘째 마디부터 나오는 테누토는 음을 가득 채워 연주하세요.

Andante moderato

J. Fröhlich

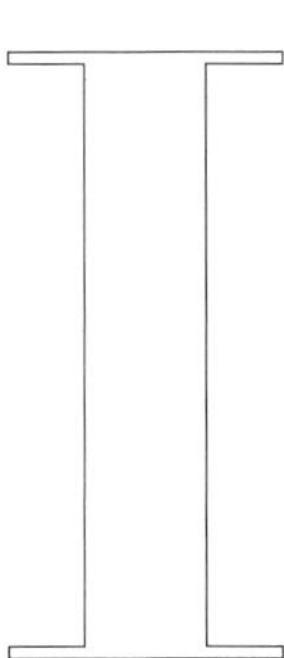

제2권 | 가장 많이 사용하는 조에서의 연습곡

1. 다장조 C-Major

152

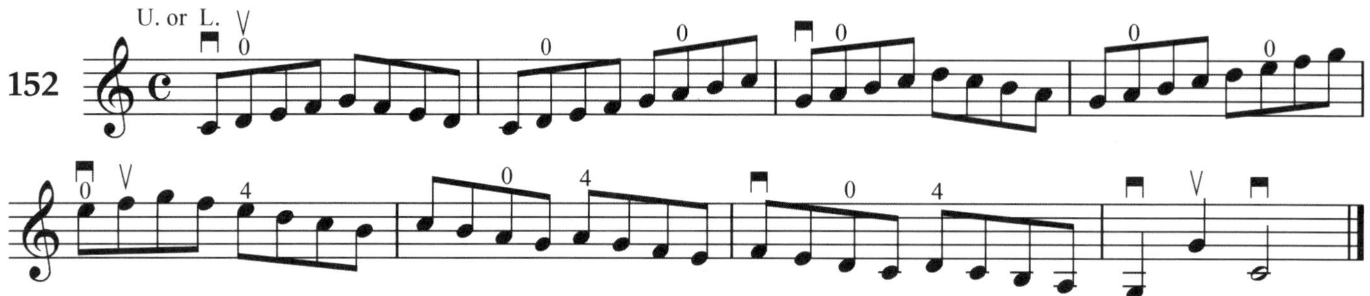

오래된 춤

Old Fashioned Dance

TIP 이 곡으로 제1권에 나왔던 리듬과 활쓰기를 복습하고 정리해 보세요.

153

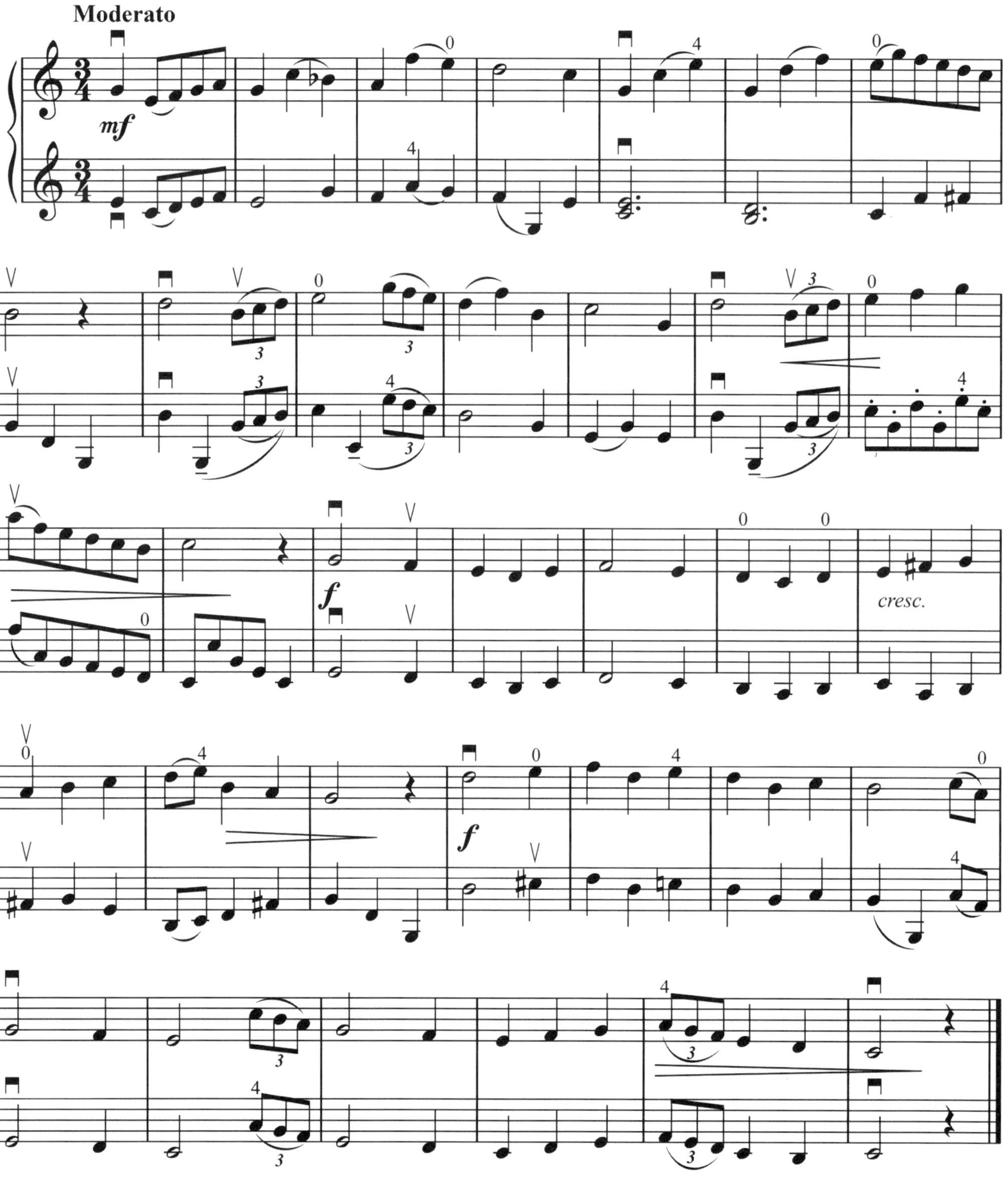

TIP 연결해야 하는 음과 끊어야 하는 음을 잘 구별하여 연주하세요.

154

선생님

The School-Master

TIP 활이 한쪽 끝으로 몰리지 않도록 이음줄도 활을 아껴 연주하는 것이 좋습니다.

155

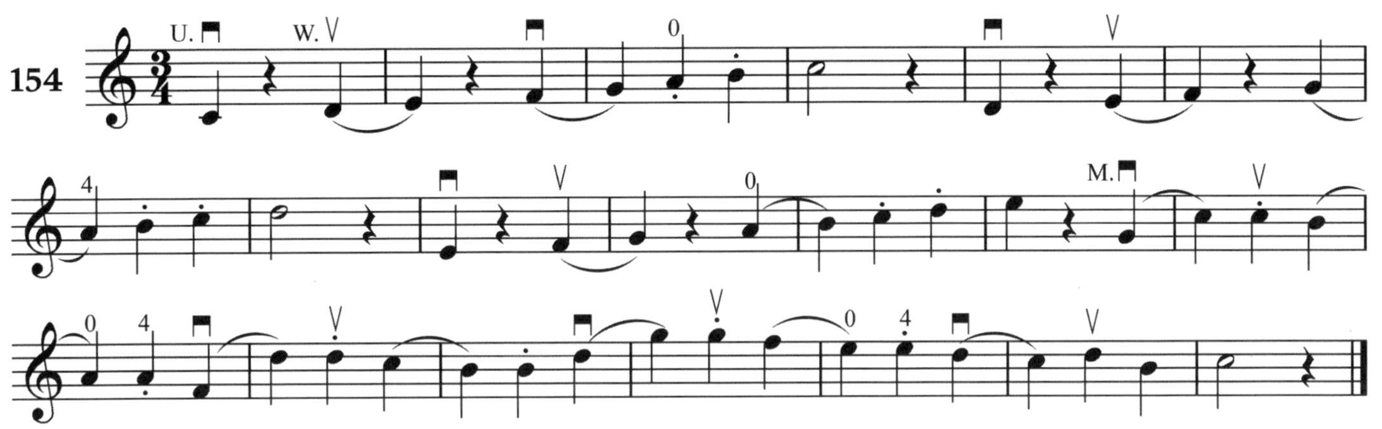

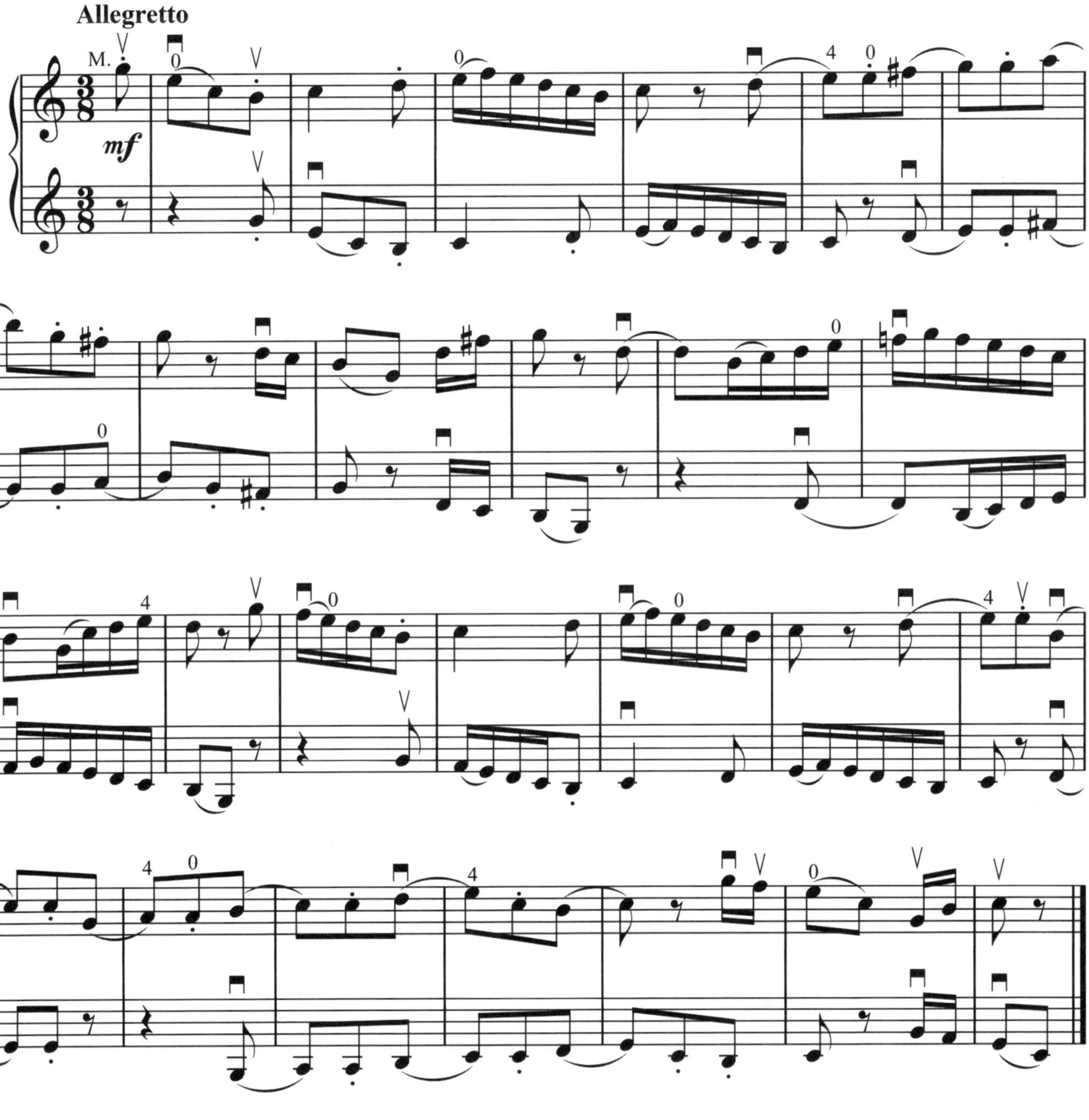

156
M.
157
M.
158
A
TIP Ⓐ를 Ⓑ, Ⓒ, Ⓓ, Ⓔ의 패턴으로도 연습해 보세요.
B
C
D
E
후작
The Marquis
TIP 곡이 길고 여러 주법이 섞여 있어 어렵습니다. 부분별로 나누어 느린 속도로 반복해 보세요.
Andante
L. Spohr
159

2. 가단조A-Minor

160

TIP 셋째와 넷째 마디는 평소보다 손가락 번호가 하나씩 높게 표기되어 있습니다.
처음에는 낯설고 불편할 수 있지만 더 효율적인 방법이니 천천히 연습해 보세요.

161

162
구슬픈 노래
A Plaintive Song
TIP ┌─┐로 표기한 부분은 현을 짚은 상태에서 옆줄로 손가락을 굴리듯 넘겨 줍니다.
Andante
163
3. 사장조 G-Major
164
165

공원에 놀러 가요
A Visit to the Park

167
꾸밈음 | 짧고 가볍게 연주하여 음을 장식하는 역할을 합니다.
168
놀이꾼들
The Merrymakers
TIP 둘째 마디의 연속적인 내림활은 당김음을 강조하는 것이 목적입니다.
Allegro
mf
169

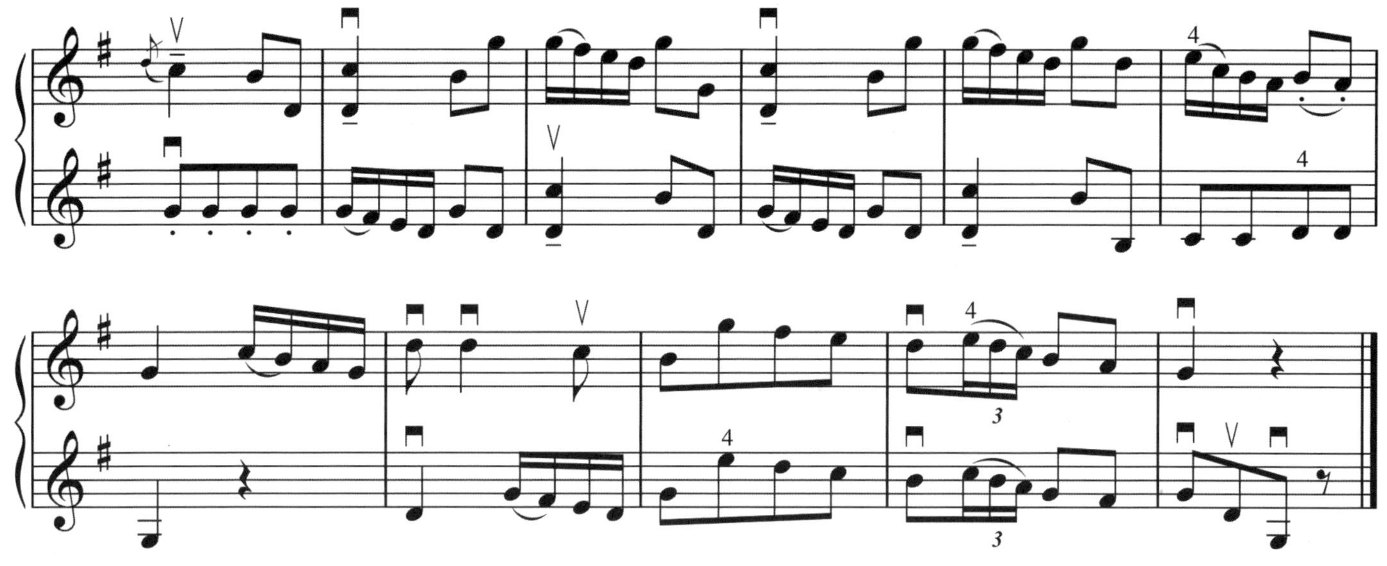

TIP 음과 음 사이를 가볍게 끊어 연주합니다.

170

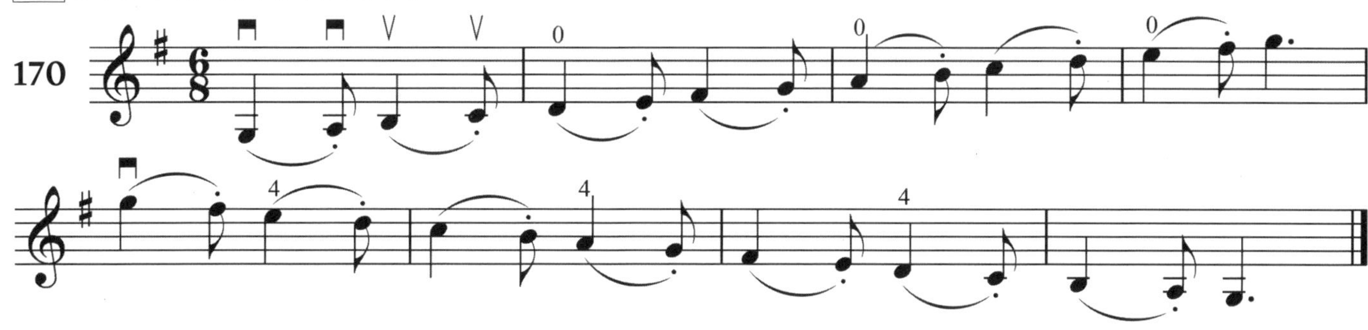

뱃노래

Barcarolle

TIP 활을 풍부하게 사용하고, 이중음에서 소리가 너무 커지지 않도록 부드럽게 연주하세요.

Andante I. Pleyel

171

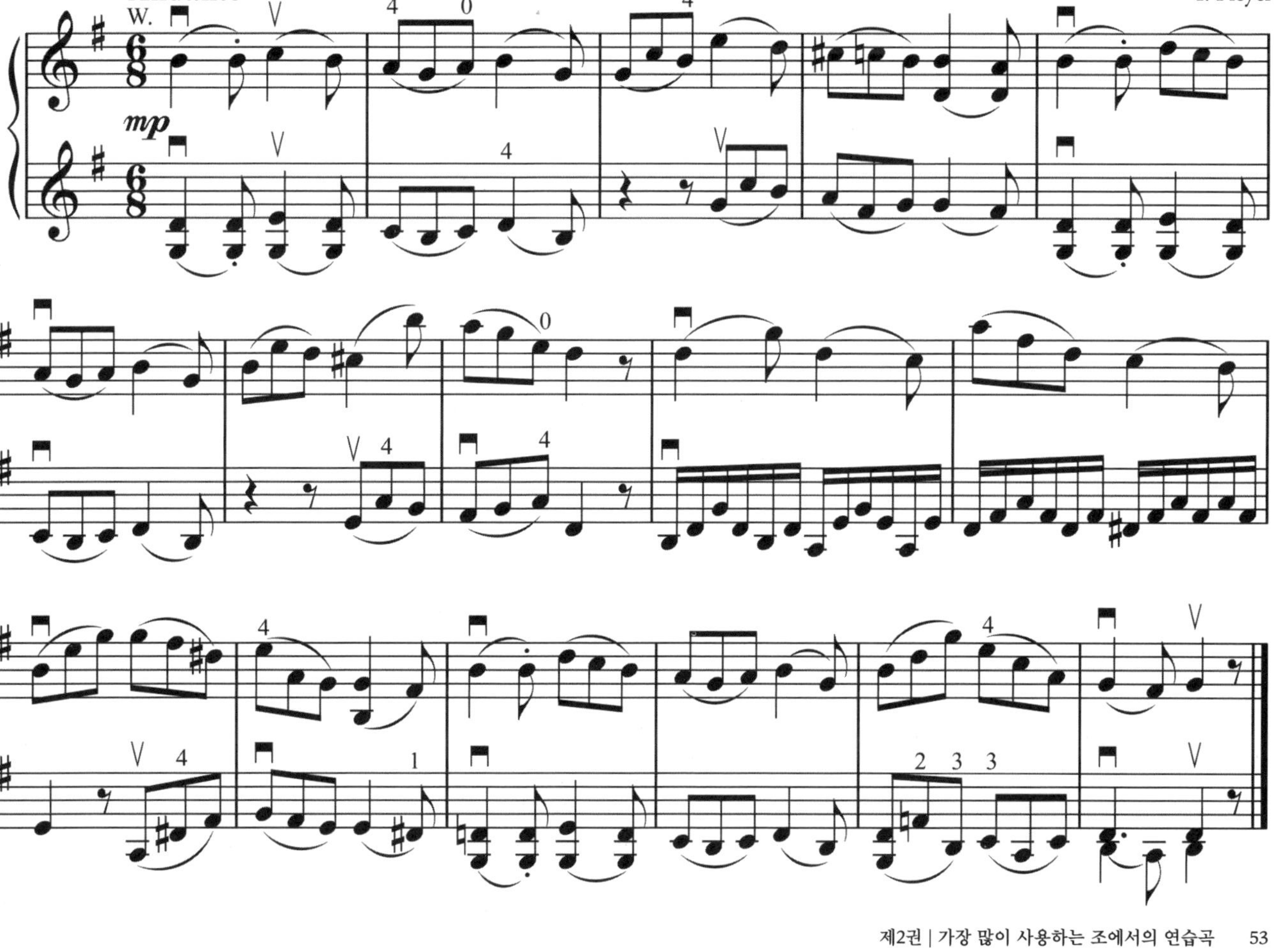

병정 소년
The Soldier Boy

172

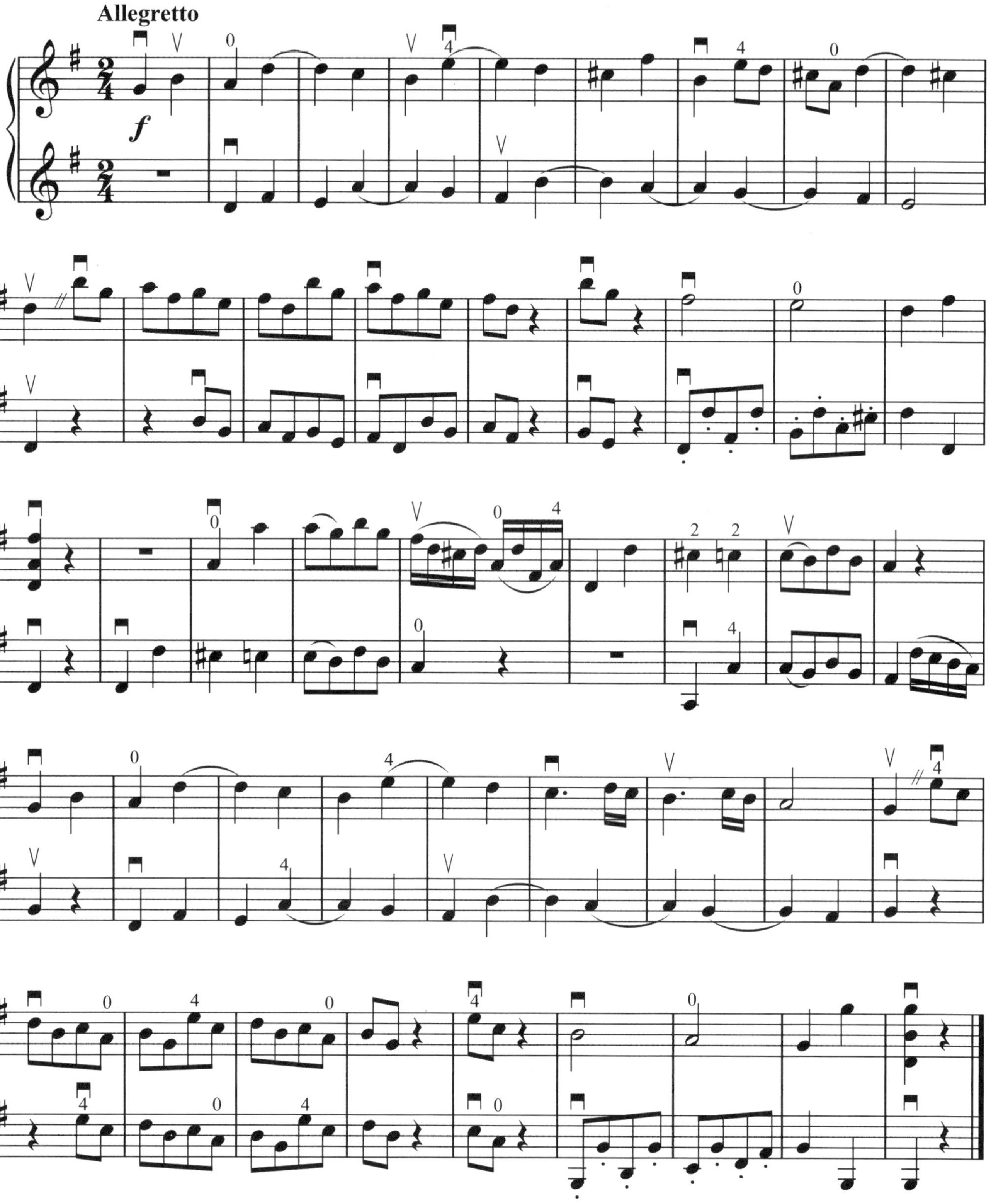

4. 마단조 E-Minor

173

가을 잎사귀
Autumn Leaves

177

178

179

생일 행진곡
Birthday March

Allegro

J. Fröhlich

180

TIP 표시한 마디(※)의 음들은 활 아래쪽에서 손목으로 작은 원을 그린다는 느낌으로 가볍게 그어 주세요.
181
돈꾸밈음 | 턴turn이라고도 하며, 앞 마디의 예시처럼 연주하면 됩니다.
돈꾸밈음은 184번과 같은 패턴의 리듬에서 가장 많이 쓰입니다.
182
183
TIP 와 같이 연주하기도 합니다.
184

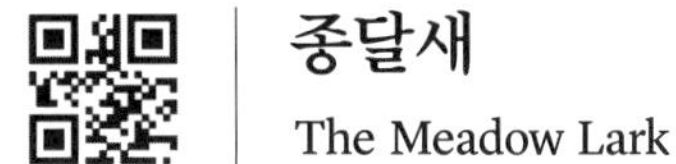

종달새
The Meadow Lark

J. Mazas

Moderato

185

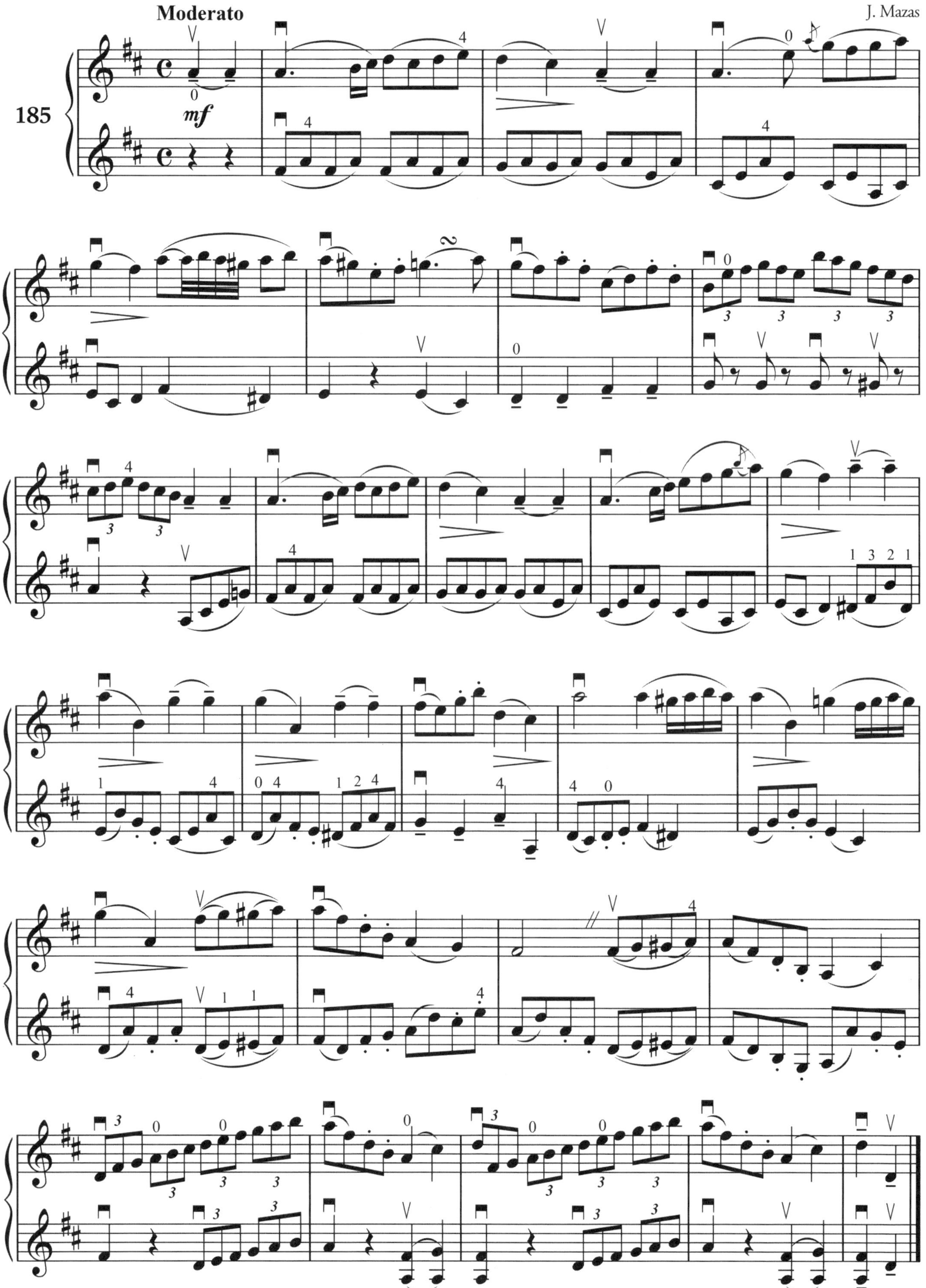

186
187
188
가을 노래
Autumn Song
Allegretto
mf
TIP 활쓰기를 풍부하게 하면서 멜로디를 살려 연주하세요.

7. 가장조 A-Major

189

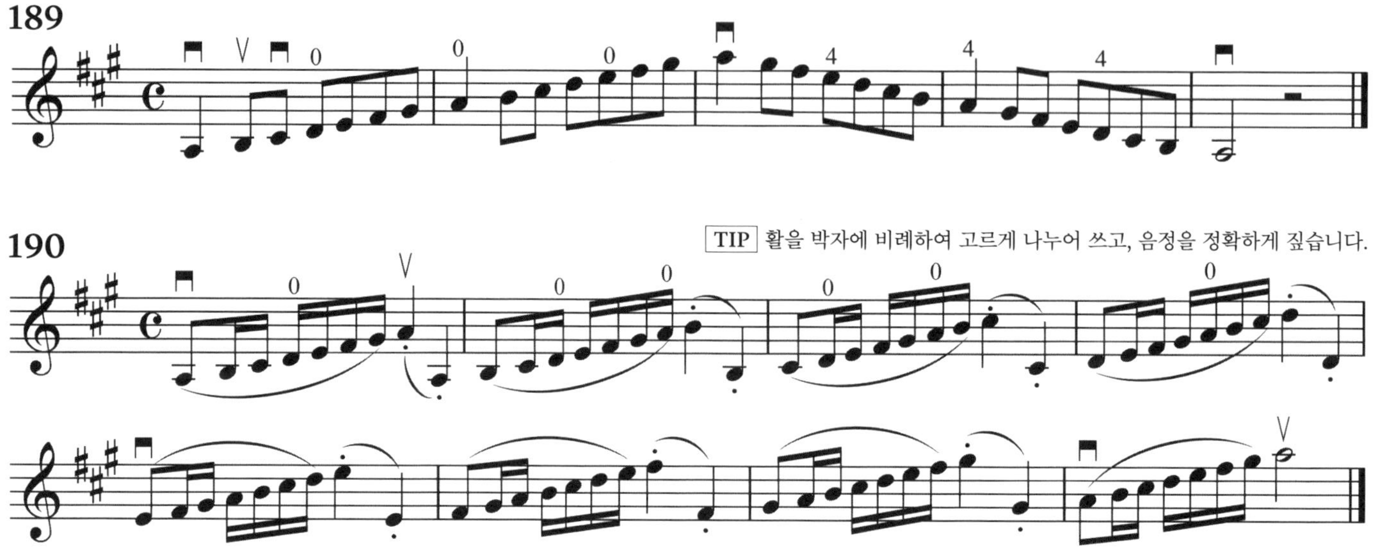

190

TIP 활을 박자에 비례하여 고르게 나누어 쓰고, 음정을 정확하게 짚습니다.

추수감사절 파티

Thanksgiving Party

TIP 테누토는 박자가 넘칠 정도로 채워 연주하는 느낌으로 활을 풍부하게 쓰세요.

Moderato

191

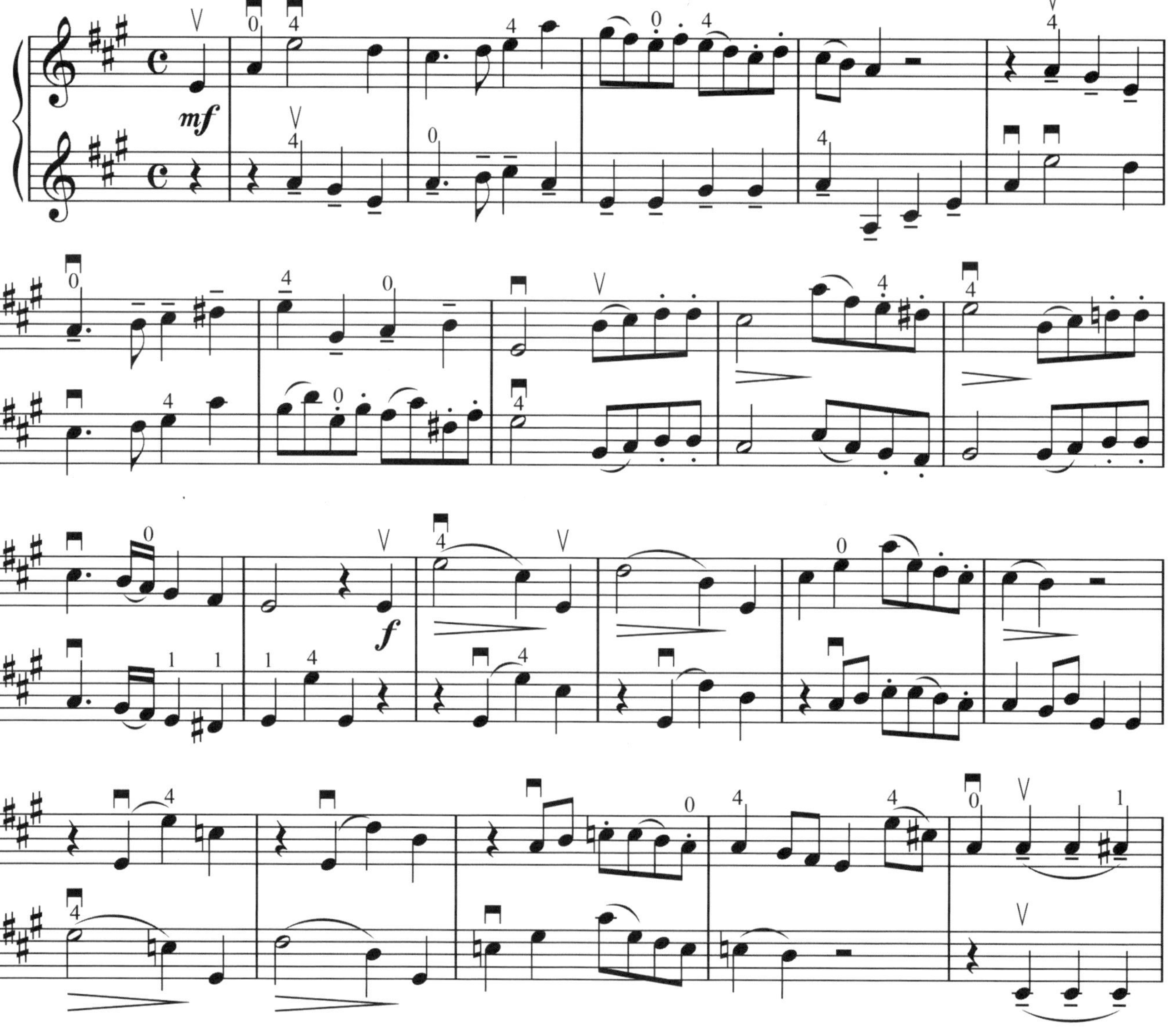

TIP 현의 각도를 확실하게 바꾸는 것에 집중하세요.
192
M.
TIP 음을 매끄럽게 연결하며 온활로 연주하세요.
193
TIP 스타카토와 이음줄을 확실하게 구분하여 연주하세요.
194

농부의 노래

Farmer's Song

TIP 표시한 부분(※)과 같이 반주의 역할을 하는 부분에서는 음량을 줄이고 정확한 음정과 박자로 주선율을 받쳐 줍니다.

195

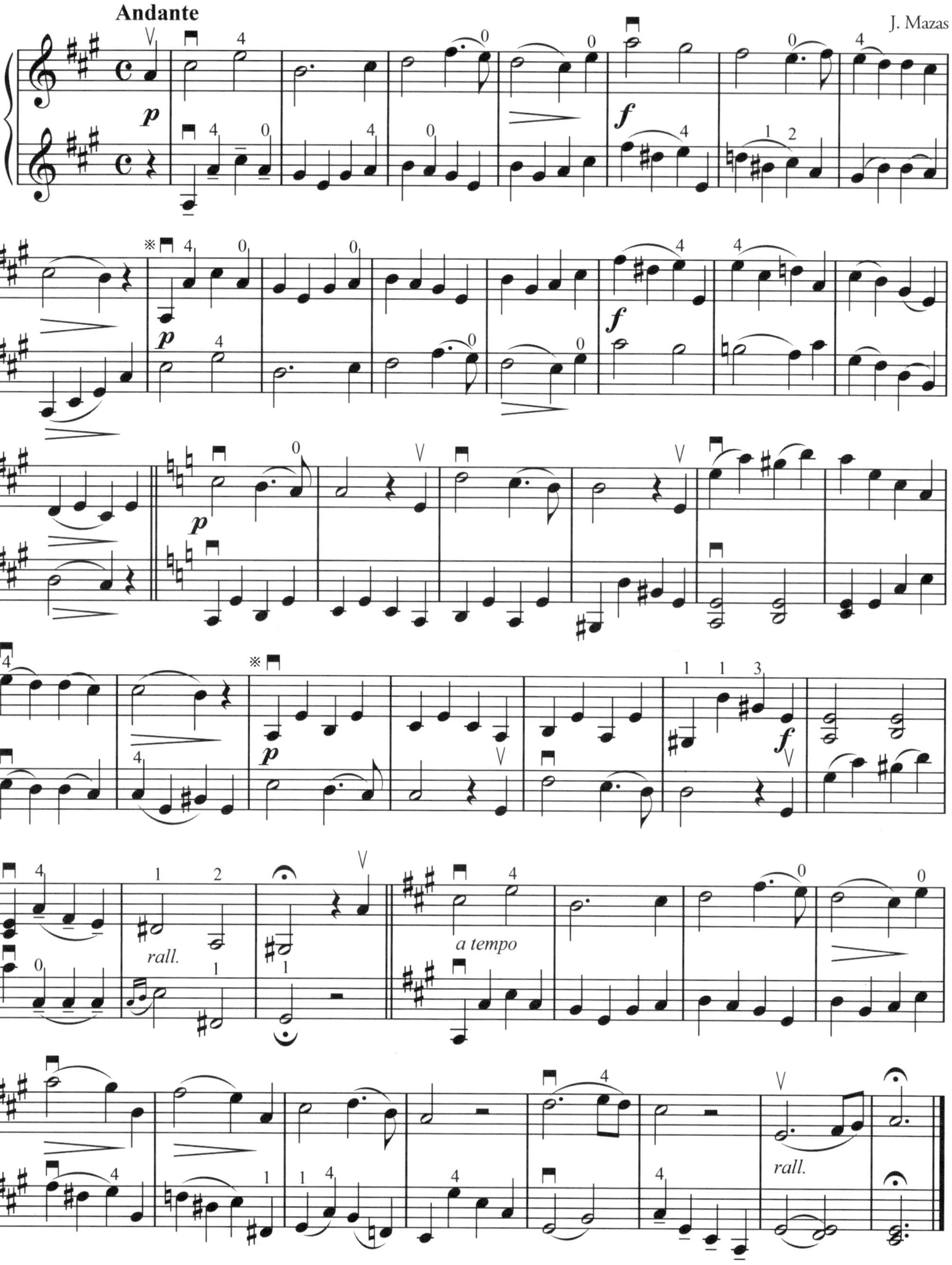

8. 올림바단조 F#-Minor

196

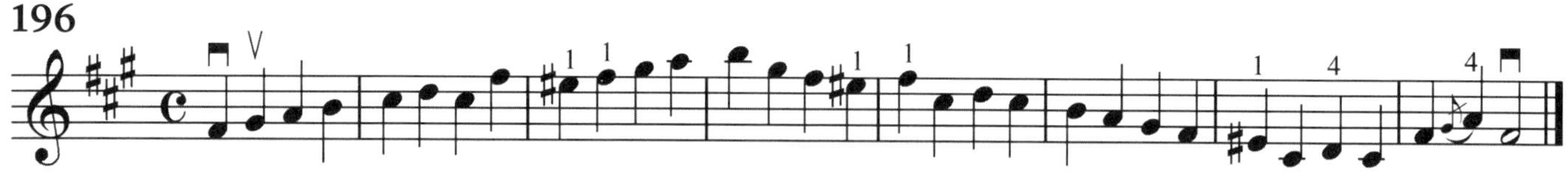

197

봄의 목가
A Springtime Idyl

Allegretto

198

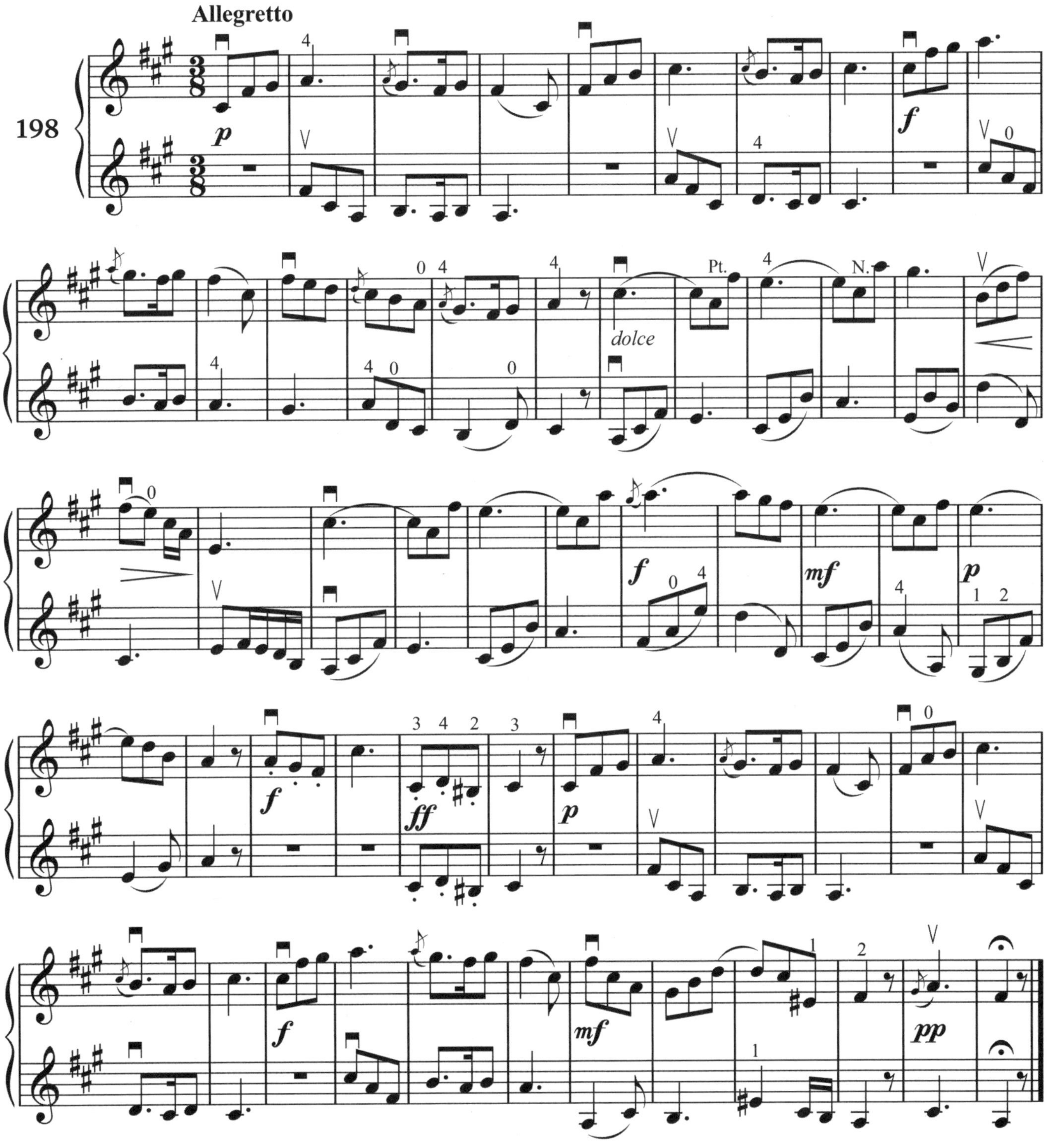

9. 바장조F-Major

199

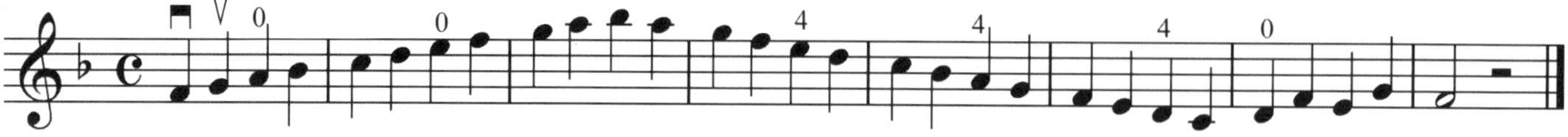

200

TIP 표시한 마디(※)에서는 활을 가볍고 짧게 긋고, 쉼표에서 활을 재빠르게 옮겨 점4분음표를 온활로 켭니다.

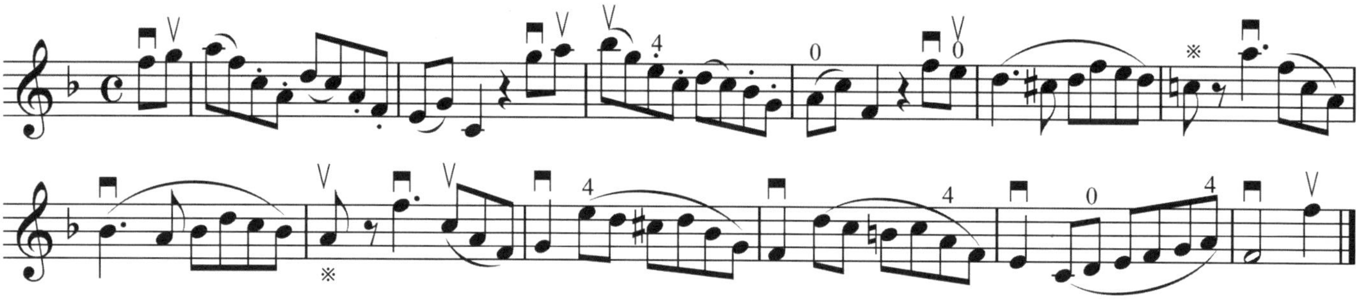

작은 새
Little Birdie

TIP 임시표, 당김음, 꾸밈음 등을 매끄럽게 연주할 수 있도록 부분 연습을 해 보세요.

201

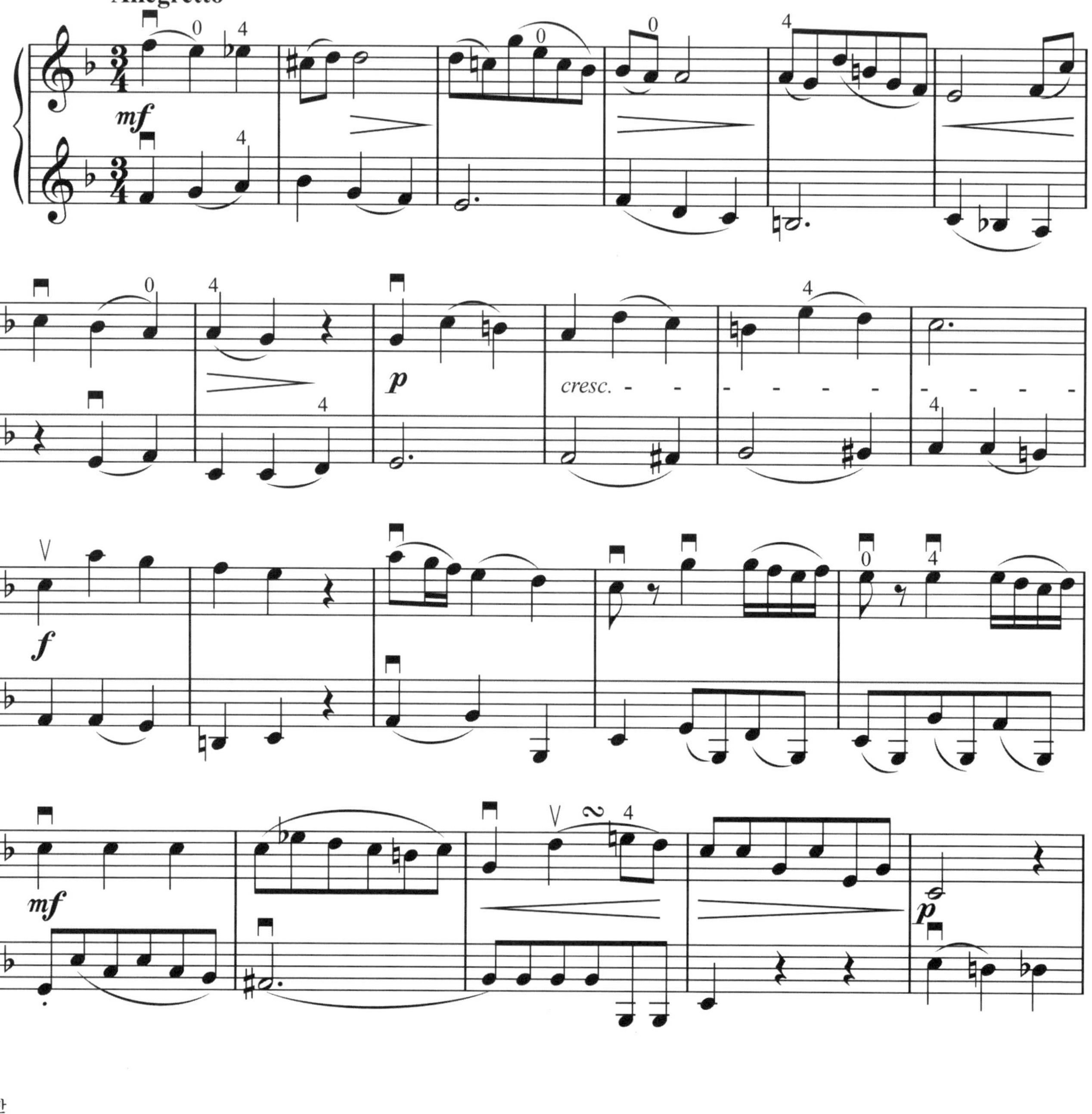

202

TIP 표시한 부분(※)처럼 긴 박자의 슬러 스타카토에서는 필요하다면 구성음 중 한두 음의 방향을 바꾸어 활을 여유있게 쓸 수도 있습니다.

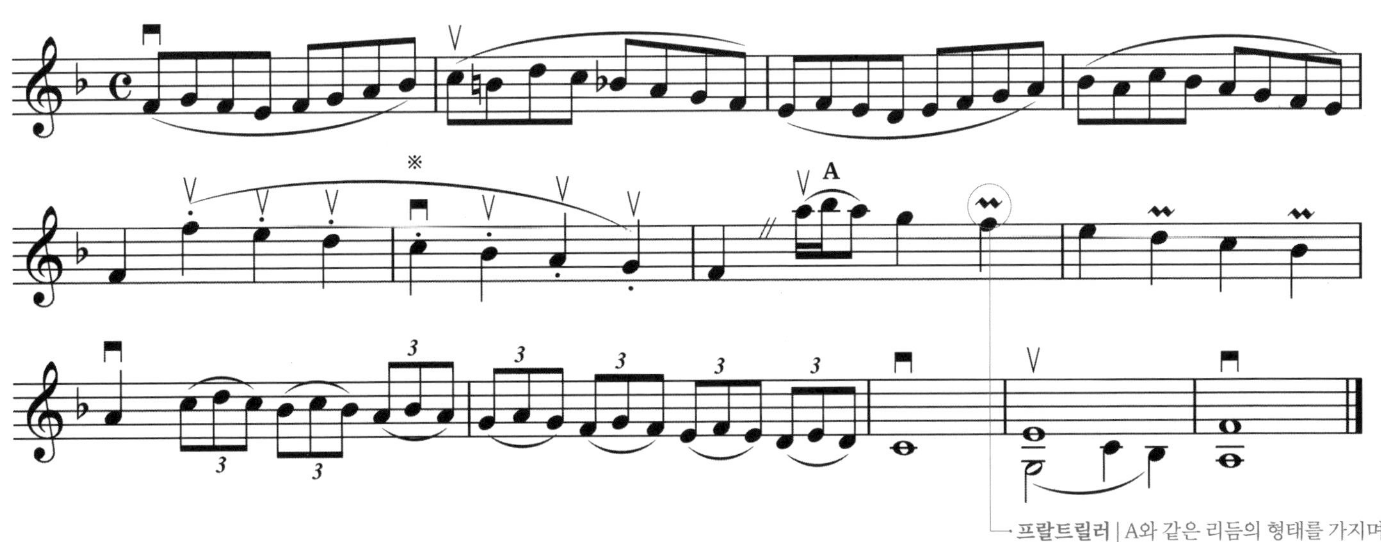

프랄트릴러 | A와 같은 리듬의 형태를 가지며,
한 음 위의 음정을 꾸밈음으로 넣어 줍니다.

감사의 노래
A Song of Thanks

J. Mazas

Andante

203

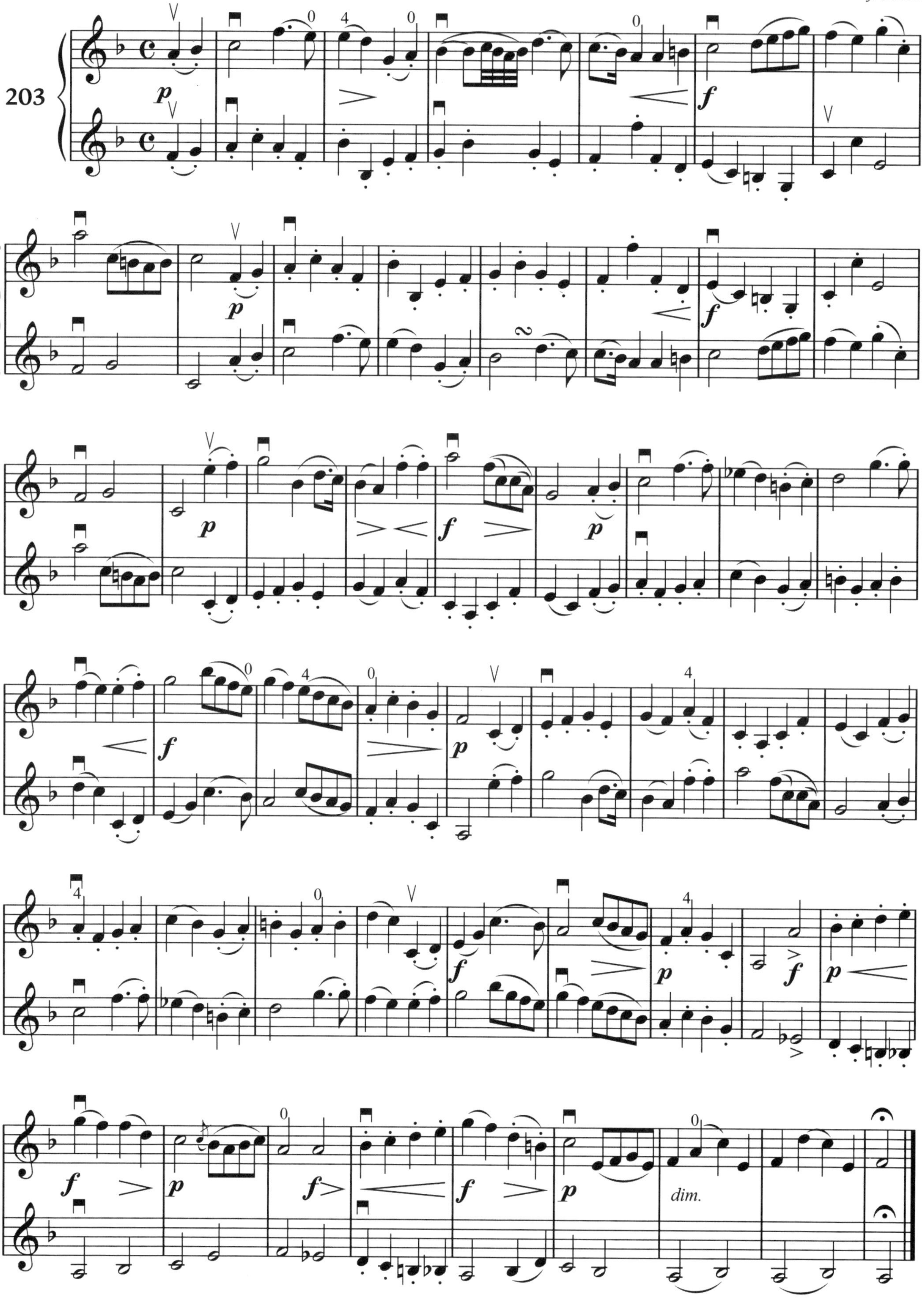

5월 파티

The May Party

TIP 표시한 부분(※)과 같은 반주부에서는 활을 가볍게 쓰고 정확한 음정으로 선율을 받쳐 줍니다.

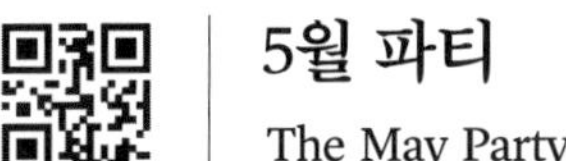

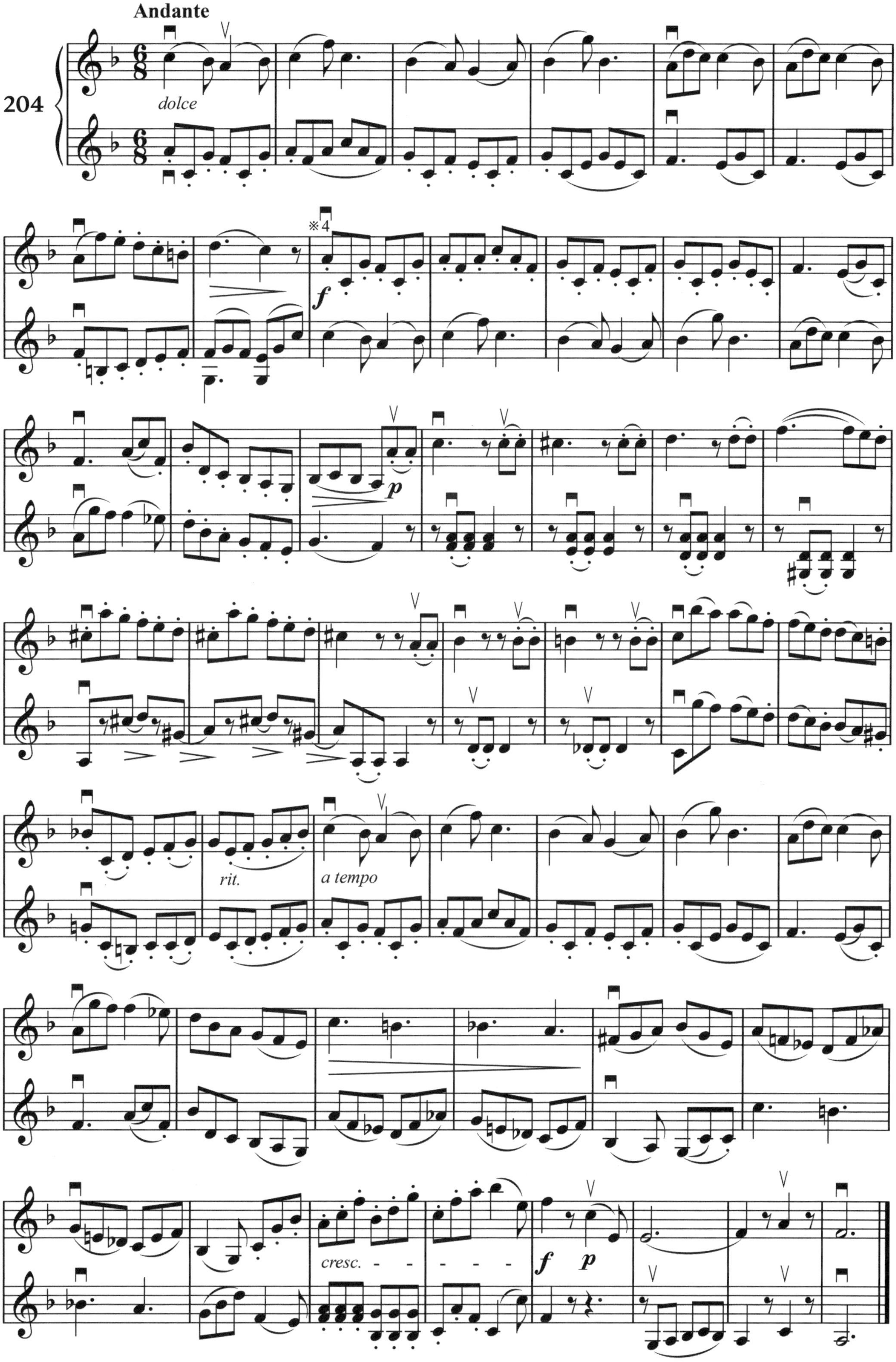

10. 라단조 D-Minor

205

TIP 붓점과 셋잇단음표 등 다양한 리듬을 잘 살릴 수 있도록 부분 연습을 충분히 하세요.

206

고집쟁이

The Stubborn Child

TIP 4분음표 매 음마다 강조하는 느낌으로 켜고, 4분쉼표에서 활을 재빨리 옮겨 다음 4분음표를 풍부한 활로 연주하세요.

Tempo di marcia

J. Mazas

207

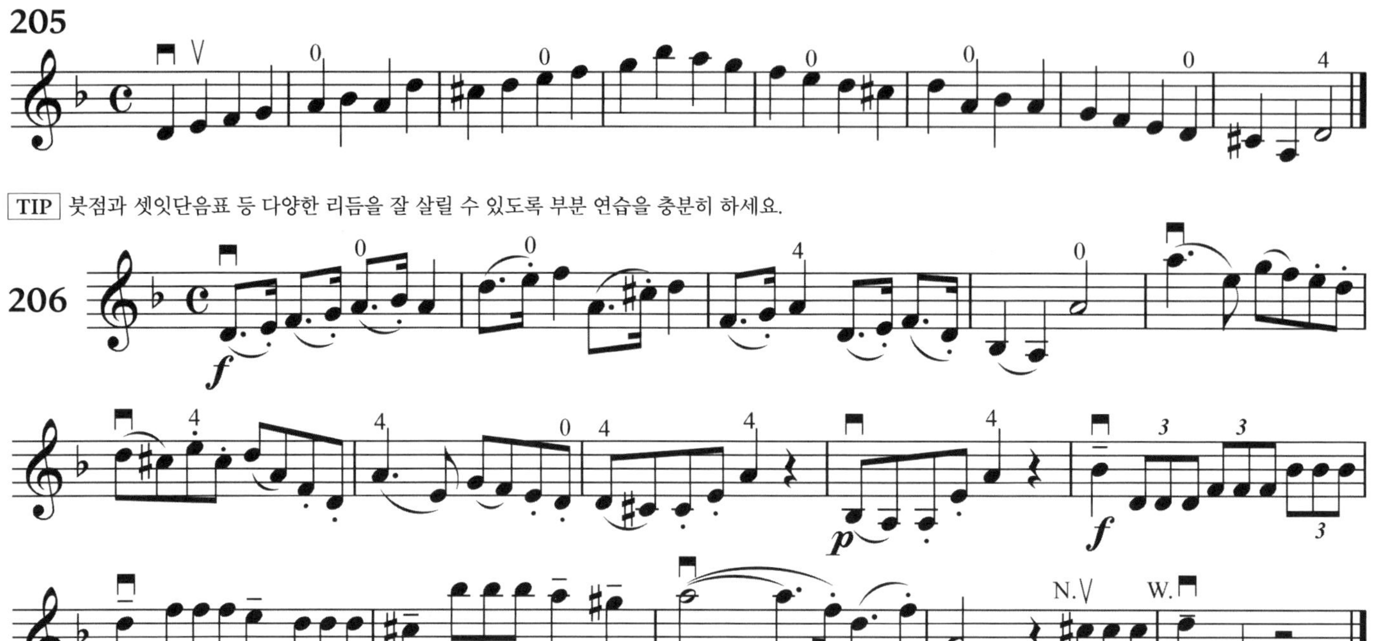

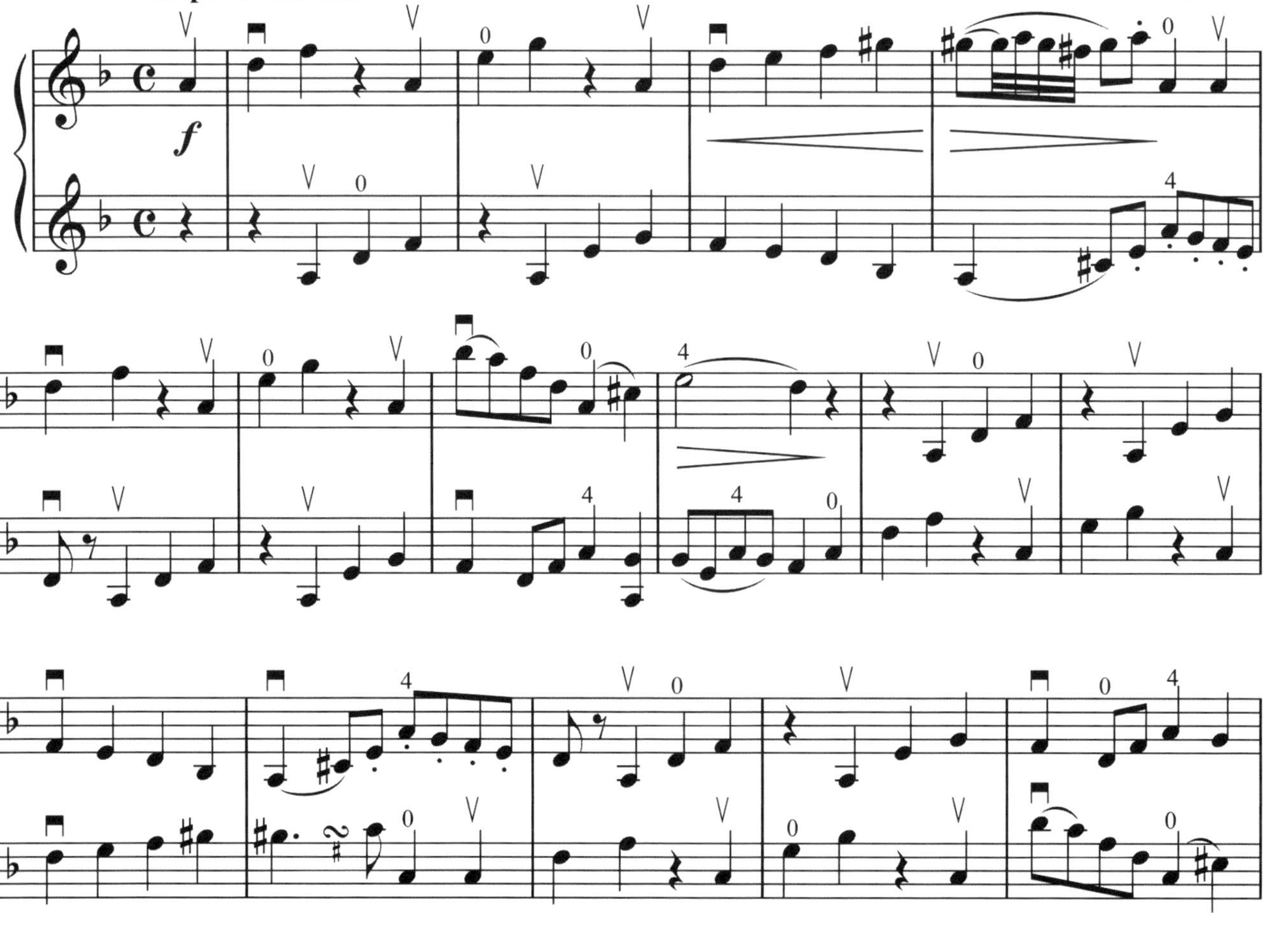

11. 내림나장조 B♭-Major

208

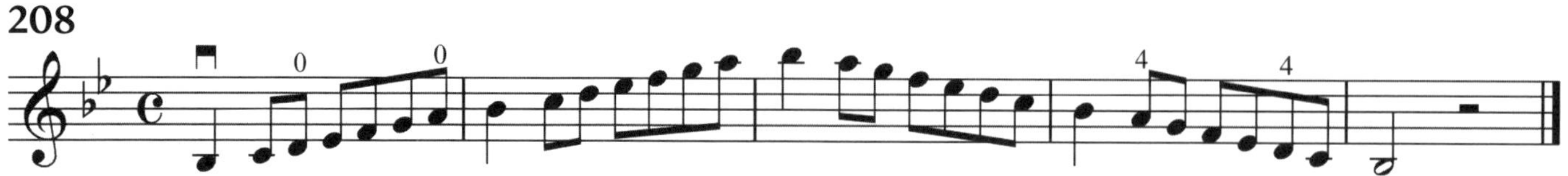

꼬마 선생님
The Little Professor

TIP 8분음표를 제외한 음들은 활을 풍부하게 사용하고, 정확한 음정과 바른 리듬으로 제2바이올린과 조화를 이루도록 연주하세요.

Allegro Carnazzo

209

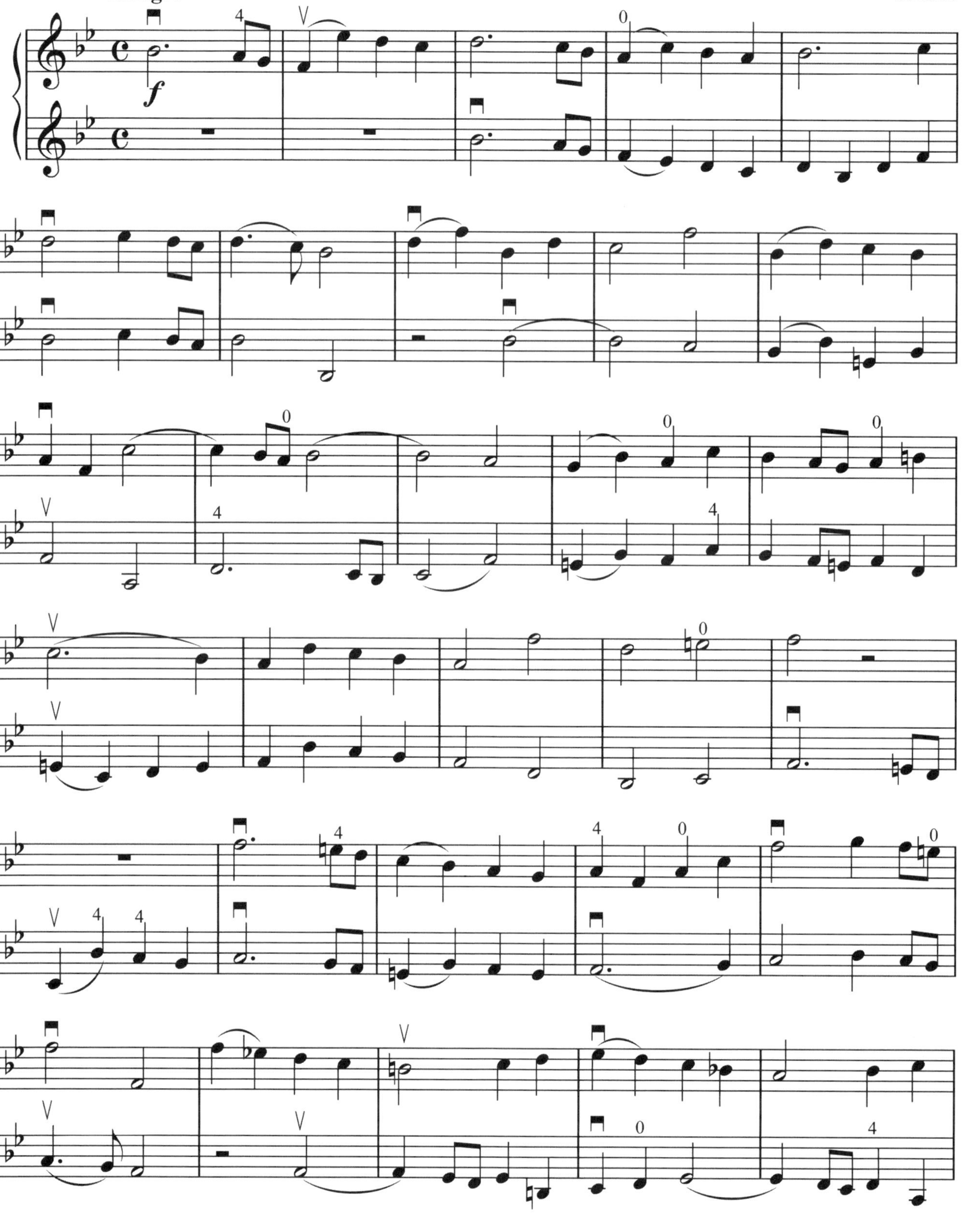

TIP 이음줄이 나오더라도 활이 한쪽으로 쏠리지 않도록 가운데 반활로 연주하세요.
210

조랑말을 타고

On the Ponies

TIP 짧은 스타카토를 유지하여 가벼운 곡의 분위기를 잘 살릴 수 있도록 연주하세요.

Allegro molto

Zinkeisen

211

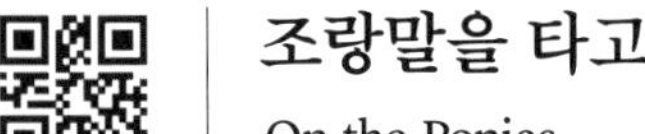

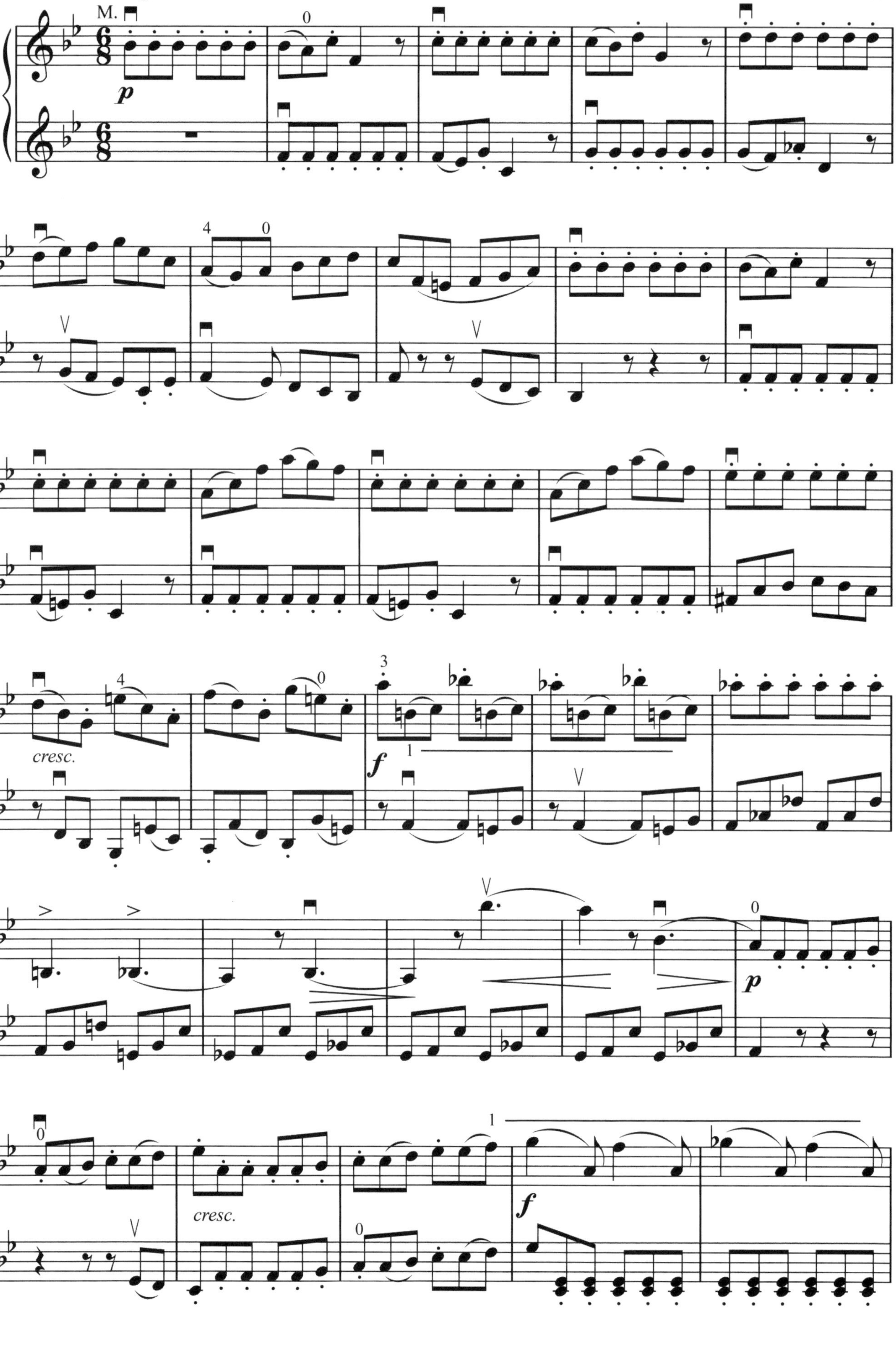

12. 사단조 ^{G-Minor}

212

TIP 2분음표에 붓점이 두 개 붙으면 세 박자 반의 길이가 됩니다.

213

안녕 꽃들아
Good-bye to the Flowers

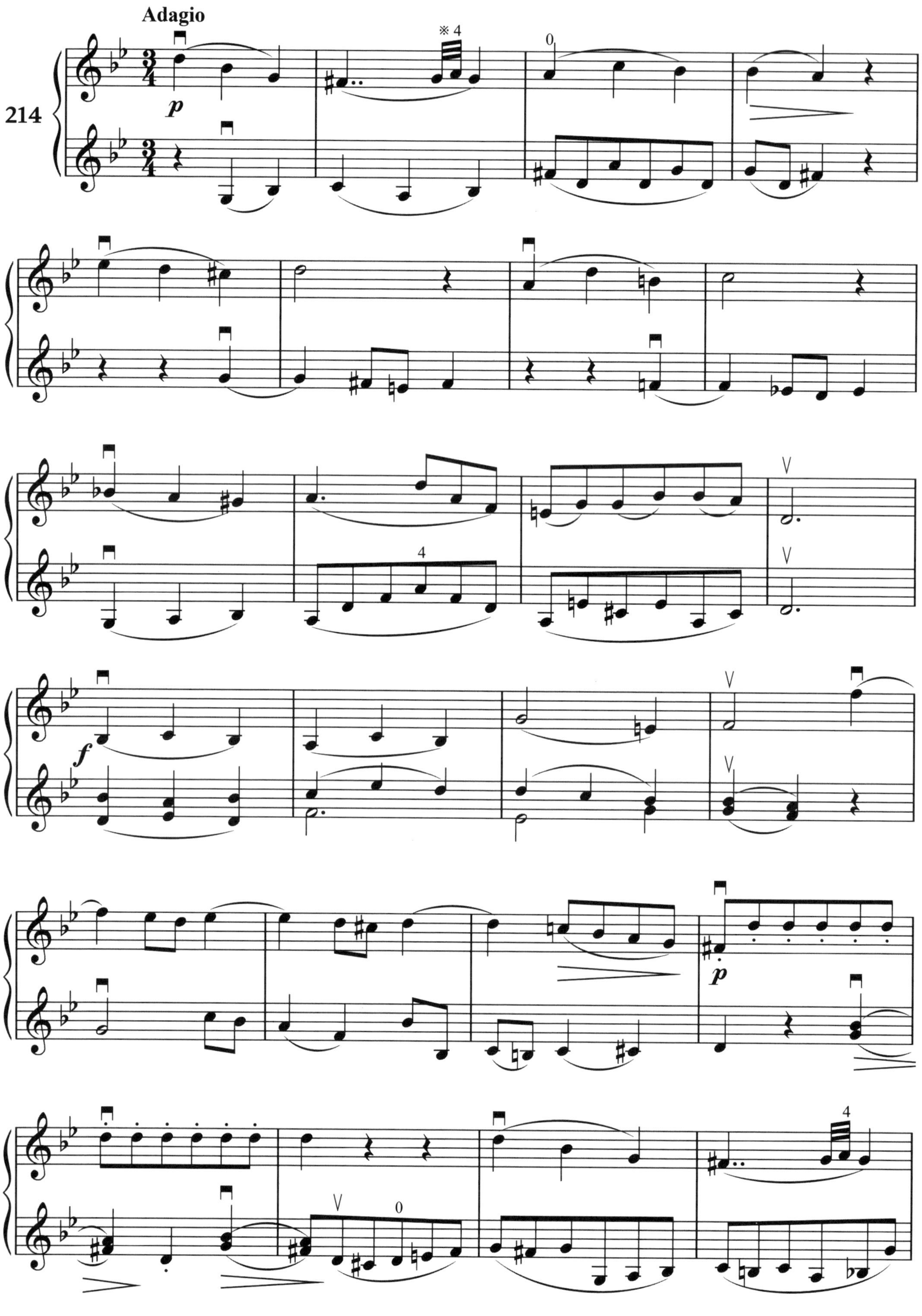

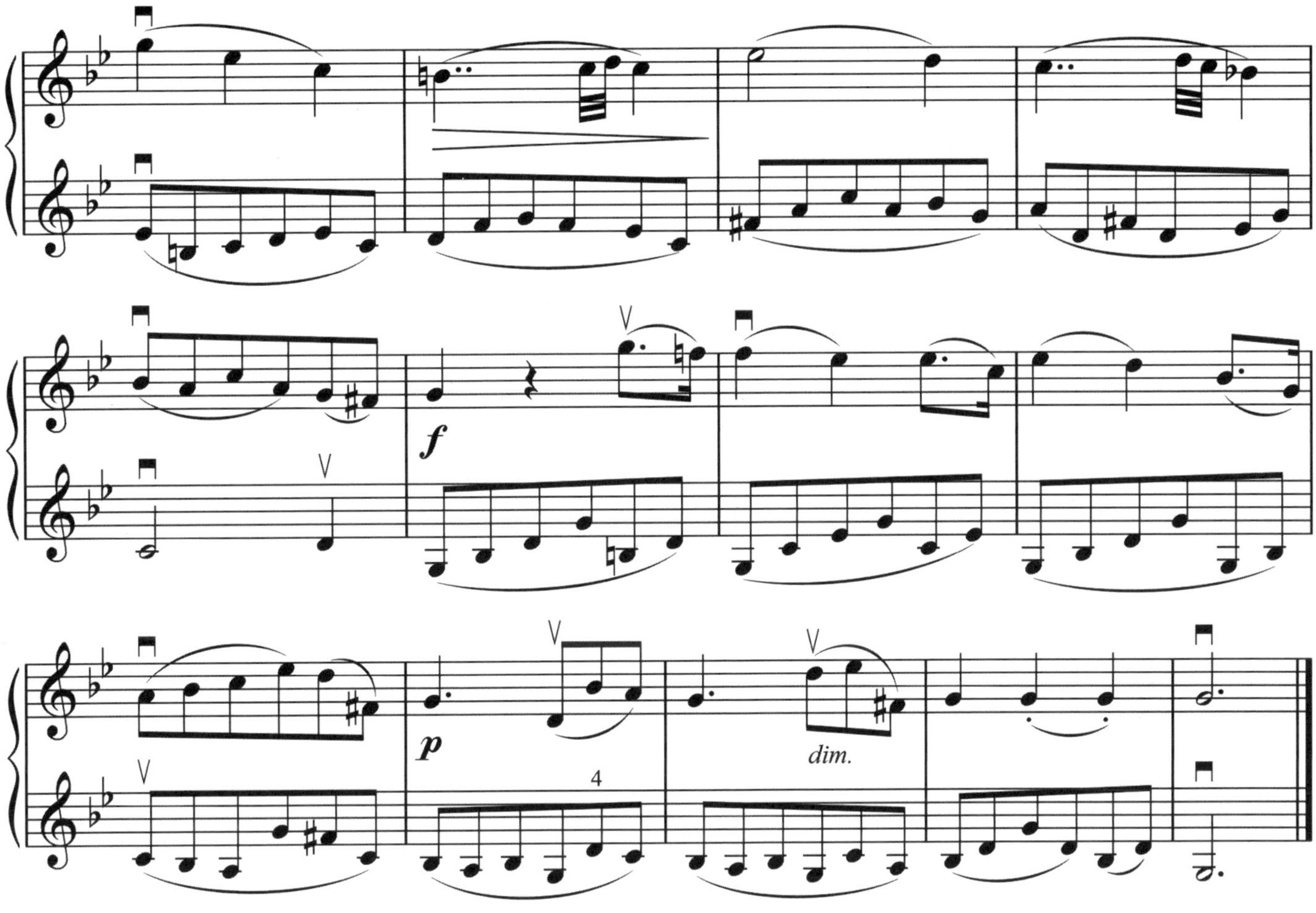

13. 내림마장조 E♭-Major

215

TIP 8분음표를 한 박으로 꼼꼼히 세며 연주하고, 빗금(//)으로 표시된 부분에서는 활을 잠시 멈추어 프레이즈를 구분해 줍니다.

216

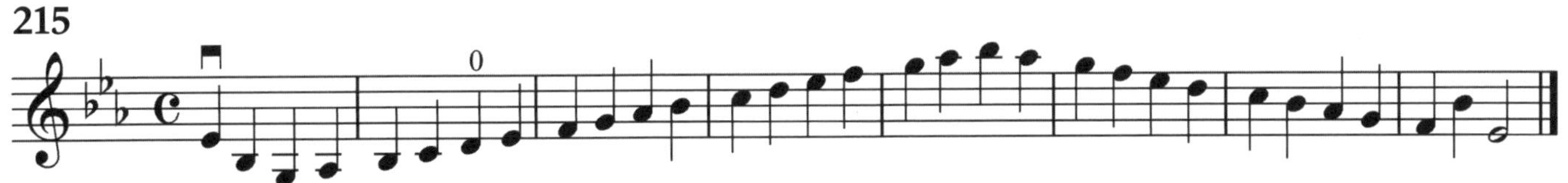

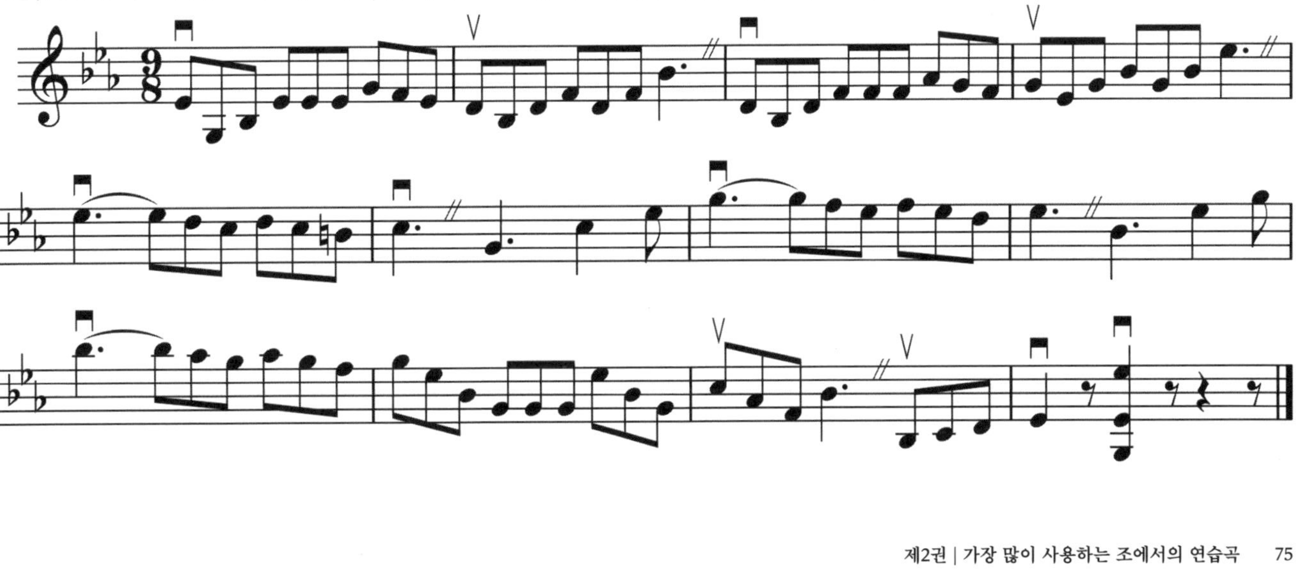

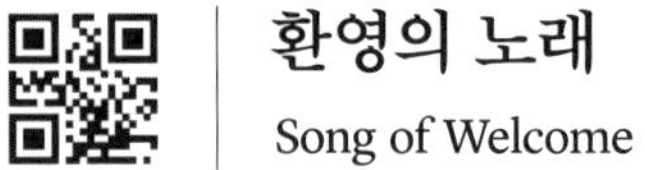

환영의 노래
Song of Welcome

Allegretto

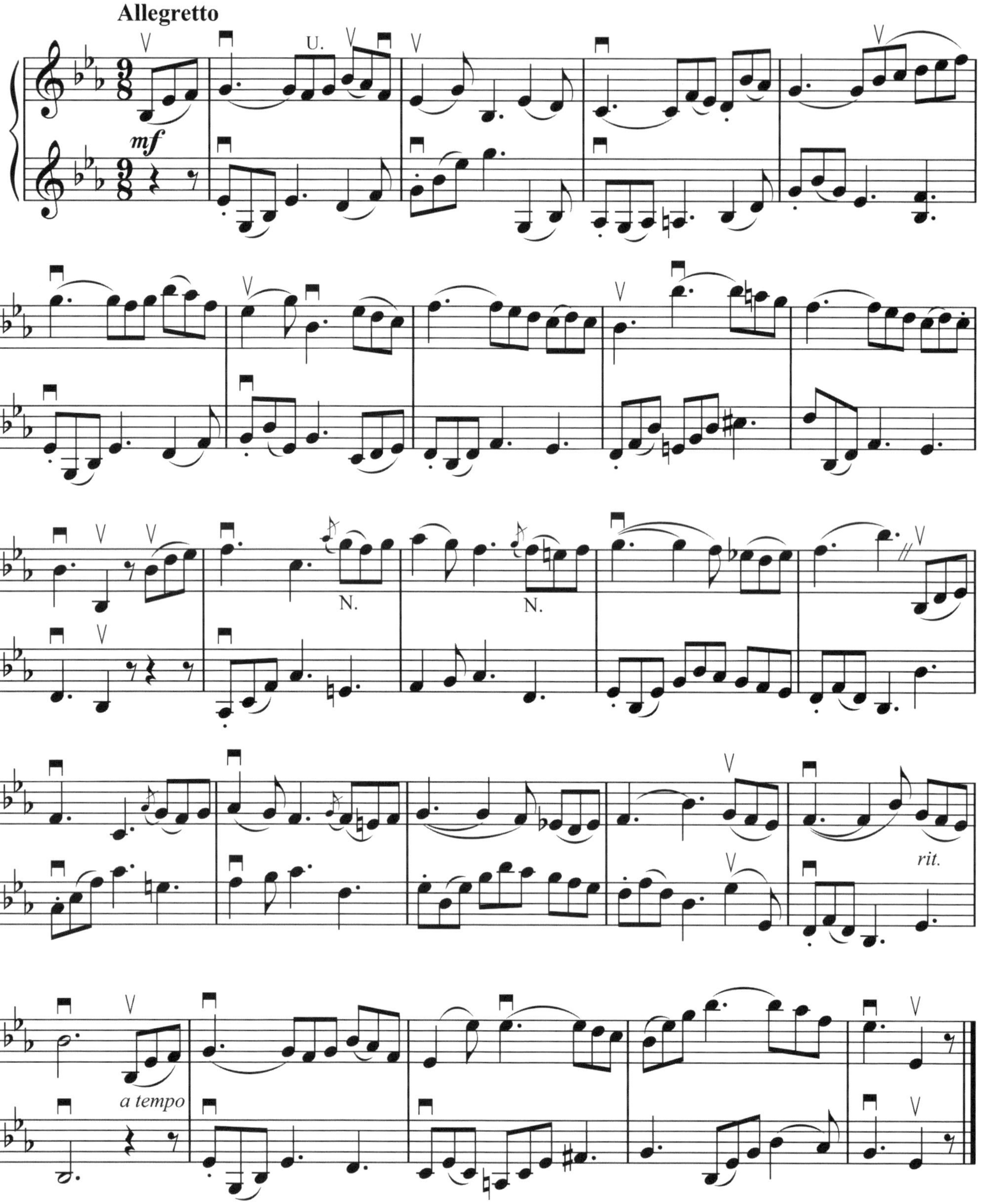

217

mf

218

TIP 둘째 마디의 아홉잇단음표는 트릴과 꾸밈음의 연주 방법을 보여 주기 위한 것으로, 음의 개수에 상관없이 박자에 맞추어 자연스럽게 연주하면 됩니다.

219

시냇가에서
At the Brook

TIP 리듬이 복잡한 부분이나 꾸밈음이 있는 마디는 충분한 부분 연습이 필요합니다.

220
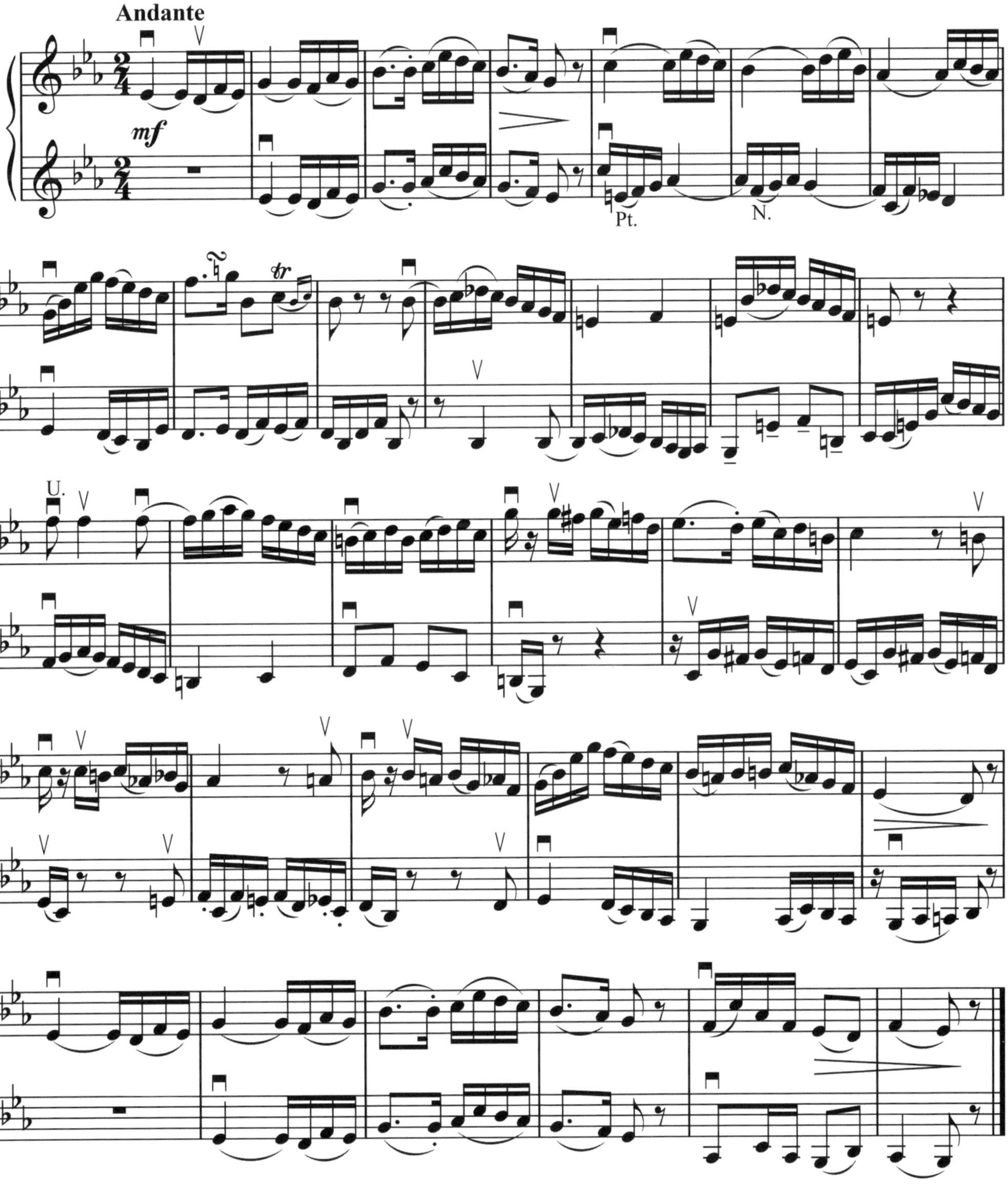

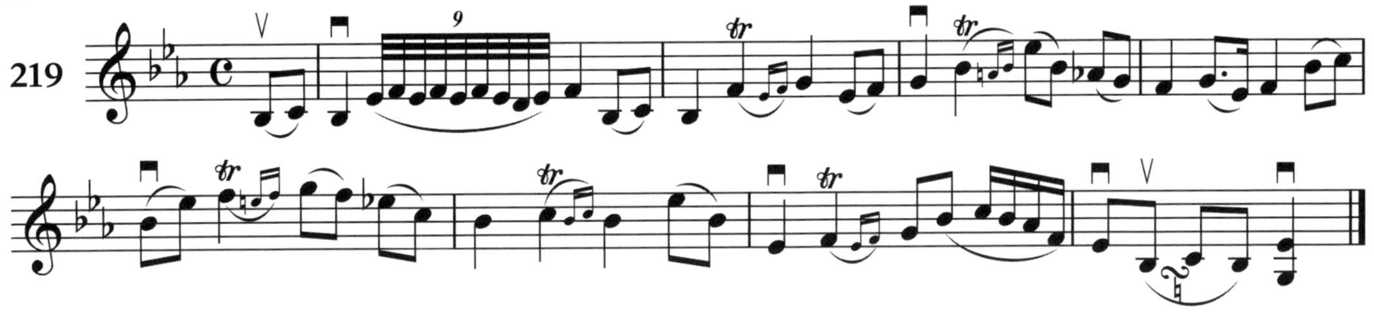

14. 다단조 C-Minor

221

222

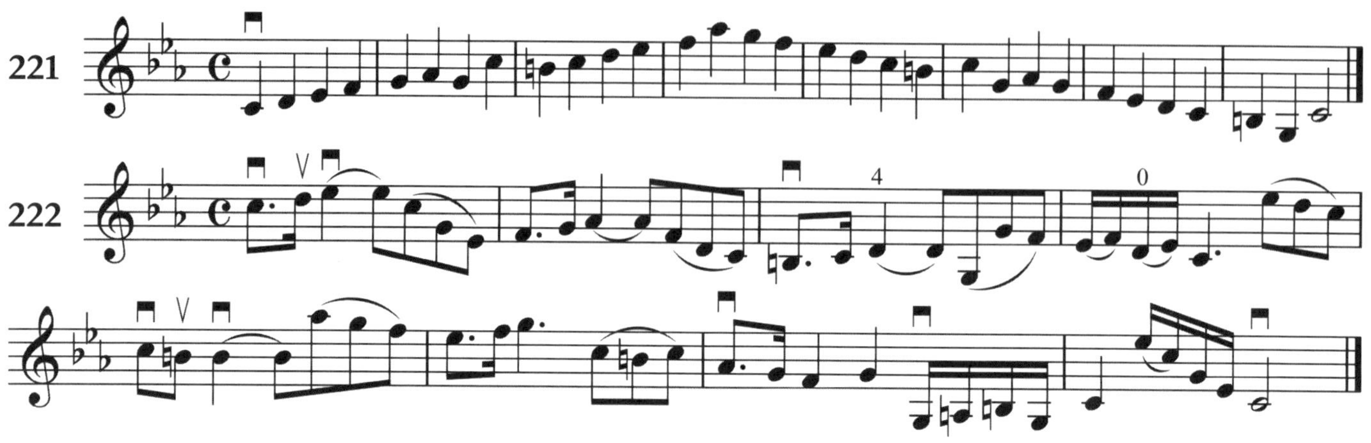

유령 이야기

A Ghost Story

TIP 마지막 마디의 *D.S.*에서 𝄋로 돌아가 셋째 단의 *Fine*에서 마칩니다.

223
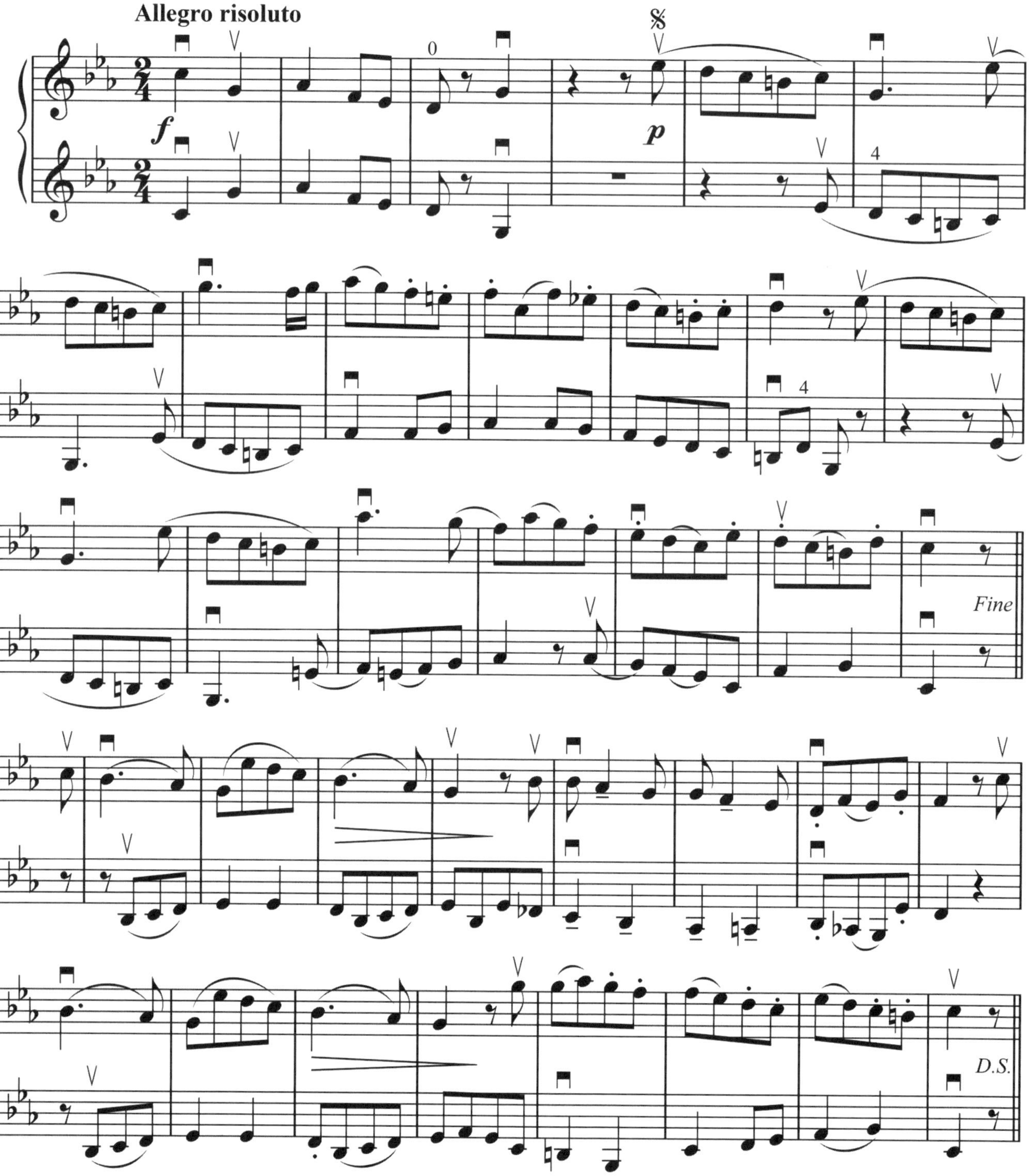
Allegro risoluto
Fine
D.S.

퍼낸이 김동연

violinstudio.com

『한 권으로 끝내는 취미 바이올린』, 『바이올린, 영화음악을 만나다』, 『바이올린을 위한 밤의 노래』
등 다수의 바이올린 교본과 연주곡집을 출간했으며, 삼성전자 C-Lab에서 만든 바이올린 교육 솔
루션 잼잇Jamit의 컨텐츠를 개발했다. 본 『호만』의 악보 사보와 오류 수정, 텍스트 집필을 맡았다.

연주자 김수현

suntheviolinist.com

연세대학교 음악대학 기악과, 한국예술종합학교 전문 연주가 과정, 영국왕립음악원 석사를 졸업
했다. 얀 파스칼 토르틸리에, 크리스티안 틸레만 등의 지휘자들과 오케스트라 연주를 했으며, 영국
고 캐롤라인 왕비 탄신 기념회 무대에도 독주자로 섰다. 그뿐만 아니라 오르가니스트 이토 유카,
하피스트 클라라 마리아 워스코비악과도 협연하는 등 세계 곳곳에서 다채로운 연주 경험을 쌓아
왔다. 파가니니의 『스물네 개의 카프리스』 전곡과, 바흐의 『무반주 바이올린 소나타와 파르티타』
전곡을 레코딩하는 등 현재 솔로이스트로 활발하게 활동하고 있다.

레코딩 정보

프로듀서	김수현
바이올린	김수현
레코딩 스튜디오	프레코
믹싱, 마스터링	이재호

호만 제1, 2권(합본)

발행일	2017년 6월 15일 초판 1쇄
지은이	크리스티안 하인리히 호만
악보 편집	신인용
텍스트 편집	임정우
디자인	스튜디오 포레스트
펴낸이	김동연
펴낸곳	프란츠(Franz)
주소	서울시 광진구 아차산로 262 B-2203
전화	02-455-8442
팩스	02-6280-8441
홈페이지	http://franz.kr
이메일	hello@franz.kr

ISBN
979-11-959499-2-2 14670
979-11-959499-1-5 (전2권)

이 도서의 국립중앙도서관 출판예정도서목록(CIP)은 서지정보유통지원시스템 홈페이지
(http://seoji.nl.go.kr)와 국가자료공동목록시스템(http://www.nl.go.kr/kolisnet)에서
이용하실 수 있습니다. (CIP제어번호: CIP2017011215)